Silvia Schaub

111 Orte im Engadin, die man gesehen haben muss

111

emons:

Bibliografische Information der Deutschen Nationalbibliothek
Die Deutsche Nationalbibliothek verzeichnet diese Publikation in der Deutschen Nationalbibliografie; detaillierte bibliografische Daten sind im Internet über http://dnb.d-nb.de abrufbar.

FSC www.fsc.org
MIX
Papier | Fördert gute Waldnutzung
FSC® C083411

Layout: Eva Kraskes, nach einem Konzept
von Lübbeke | Naumann | Thoben
Kartografie: altancicek.design, www.altancicek.de
Kartenbasisinformationen aus Openstreetmap,

Druck und Bindung: CPI – Clausen & Bosse, Leck
Printed in Germany 2023
Erstausgabe 2017
ISBN 978-3-7408-1999-6
Aktualisierte Neuauflage Mai 2023

Unser Newsletter informiert Sie
regelmässig über Neues von emons:
Kostenlos bestellen unter
www.emons-verlag.de

Vorwort

Gibt es in einem Tal von mehr als 80 Kilometern Länge überhaupt 111 spannende Orte zu entdecken? Zwischen all den mächtigen Bergen und den teils schroffen Tälern, wo nicht einmal 30.000 Menschen permanent leben? Und ob es das gibt! Im Falle des Engadins könnte man sogar behaupten, dass dieses Südtal fast eine Konzentration, ja die Essenz an faszinierenden Orten ist. Superlative hat man für diese Gegend schnell zur Hand, allein schon aufgrund der hohen Lage des Tals. «Top of the World» ist aber längst nicht nur St. Moritz, sondern das ganze Engadin von Maloja bis Martina – und das Val Müstair dazu.

Seit über 20 Jahren verbringe ich regelmässig mehrere Wochen im Jahr im Engadin und habe in dieser Zeit vieles besucht, erwandert, erkundet und entdeckt. Das Tal ist mir ans Herz gewachsen. Und jedes Mal aufs Neue bin ich verzaubert von der eindrucksvollen Landschaft. Für dieses Buch habe ich mich auf die Suche nach besonderen, versteckten Orten gemacht. Oder nach solchen, die man zwar kennt, nicht immer aber die packenden Geschichten dahinter. Dafür habe ich in Bibliotheken recherchiert, Fachleute befragt und mir spannende Anekdoten erzählen lassen. Und habe dabei viel Überraschendes, Mystisches und auch Kurioses erfahren – über die schwebende Schlange und die eingesperrte Quelle, die singenden Schneeflocken oder die fürchterlichen Richtstätten.

Die schönste Erfahrung dabei: Die als zurückhaltend bekannten Engadiner können ganz offen sein, wenn man sich für ihre Geschichte interessiert. Vieles, was Aussenstehende fasziniert, ist für sie zum Alltag geworden, sodass sie die Besonderheit gar nicht mehr wahrnehmen. Deshalb hoffe ich, dass so manch einer verwundert sagen wird: Das habe ich ja gar nicht gewusst! Ich bin überzeugt, dass die 111 Orte auch für Engadin-Kenner viele Trouvaillen bereithalten, erst recht für all diejenigen, die – vielleicht dank dieses Buches – das Engadin zum ersten Mal besuchen. Ich wünsche Ihnen eine lustvolle Reise durchs Engadin!

111 Orte

1 Das gestapelte Hotel

Ein Bauwerk aus 47 Modulen

Wie ein Spielzeughaus sieht die Bever Lodge am Bahnhof von Bever nicht aus. Aber in ihrer Konstruktion kommt sie dieser Bezeichnung ganz schön nahe. Dort, wo einst das Zeughaus stand, wurde 2015 das schweizweit erste komplett modulare Hotel aus Holz hingestellt – innerhalb von nur acht Monaten Bauzeit. Man muss sich das so vorstellen: Der Keller und das Parterre-Geschoss wurden wie bei einem herkömmlichen Hausbau gemauert und gepflastert. Darauf allerdings wurden vorfabrizierte Zimmermodule wie Legosteine aufeinandergesetzt und miteinander verbunden.

Gefertigt wurde jedes Modul, das jeweils eine Grundfläche von 21 Quadratmetern aufweist, aus einheimischem Fichtenholz bei der «Uffer Holz», einer Holzbaufirma in Savognin. Darin eingebaut wurden vorgängig sämtliche Installationen wie Garderobe, Sanitärapparate, Dusche, Schreibtisch und Doppelbett. Anschliessend transportierte man die fertigen Zimmer mit einem Tieflader über den Julierpass und stapelte sie mit einem Kran vor Ort aufeinander. «Nur noch Vorhänge, Lampen und TV mussten installiert werden», erzählen die Hoteldirektoren Monica Wallner und Remo Cavelti.

Wer durch das gemütlich eingerichtete Hotel mit Restaurant und Wellnessbereich geht, sieht von dieser Lego-Konstruktion kaum etwas. Dafür sorgt vor allem die braune Fassadenschalung aus vorgegrauten Fichtenriemen, dank der man das Hotel als einheitliche Gebäudehülle wahrnimmt. Einzig im Treppenhaus und im Gang lässt sich die spezielle Konstruktion erahnen.

Auch vom Konzept her geht die Bever Lodge neue Wege. Das Hotel legt den Fokus auf sportliche Gäste. So befinden sich für diese vor dem Gebäude eine Bike-Waschstation und im Keller ein Service-Raum für Skis und Bikes. Ausserdem profitieren die Gäste von einem Gratis-Sportwäscheservice. Auf gutes Schlafen wird ebenso Wert gelegt – mit speziellen Matratzen, die eine kuschelig-weiche sowie eine sportlich-kompakte Seite haben.

Adresse Bever Lodge, Via Maistra 32, 7502 Bever, www.beverlodge.ch | Anfahrt H 27, Silvaplana – Martina, bei Bever die Ausfahrt nehmen auf Via Maistra | Öffnungszeiten Anfangs Juni – Ostern (April) | Tipp Zwischen Bever und Spinas verläuft auf der rechten Talseite ein Märchenweg. An acht Stationen werden auf Tafeln Engadiner Märchen erzählt. Wanderzeit rund zwei Stunden.

2 Der Kältesee

Der Kältepol am Lej da Gravatscha

Wenn das Tal bereits vom gleissenden Sonnenlicht durchflutet wird und dieses unglaubliche Blau am Himmel steht, liegt das Südende von Bever sicher noch immer im Schatten – dort ganz hinten, wo der Lej da Gravatscha sich sein Bett gesucht hat. Mit jedem Schritt, den man im Winter auf der Strasse in seine Richtung geht, wird die Kälte ein Stück greifbarer. Sie dringt unbeirrbar durch die dicke Jacke und lässt beim Atmen beinahe die Nase gefrieren. Die Äste der Bäume hat sie mit glitzernden Eiskristallen umgarnt, als wolle sie sie nie mehr loslassen. Allein das Plätschern der Nebenarme des Inns lässt vermuten, dass hier noch Leben ist.

Laut dem Meteorologen Alfred Riederer aus St. Moritz liegt genau hier der kälteste Punkt des Engadins – und nicht etwa beim Flughafen in Samedan, wo die Messstation steht. Dort ist es rund drei Grad wärmer, was immer noch kalt ist, wenn die Temperaturen im Winter unter null sinken. Minus 33 Grad Celsius wurden am Flughafen schon gemessen, am Lej da Gravatscha gegen minus 36 Grad Celsius.

Das hat vor allem mit der Lage des Sees zu tun. Er liegt in einer Mulde am tiefsten Punkt der Gemeinde Bever, der niederschlagsärmsten Gemeinde des Oberengadins. Zudem wird der See vom dahinterliegenden Munt Gravatscha bis lange in den Tag hinein vor der Sonne geschützt. Deshalb kann sich hier die Kälte besonders gut sammeln. Darüber hinaus befindet sich an dieser Stelle auch noch eine Windkreuzung. Wenn in der Höhe eine Weströmung herrscht und mit dem Nordwind aus dem Val Bever zusammenstösst, beeinflusst das die Temperatur zusätzlich.

Doch im Sommer ist man um diese Qualität manchmal ganz froh, wie übrigens auch eine ganze Anzahl von Vögeln, die hier ihren Brut- und Rastplatz finden. Denn mittlerweile können die Temperaturen auch im Oberengadin bis zu 30 Grad erreichen. Dann empfiehlt es sich, an einem der Grillplätze entlang des Sees zu picknicken und den kühlenden Wind zu geniessen.

Adresse Lej da Gravatscha, 7502 Bever | Anfahrt H 27, Silvaplana – Martina, Ausfahrt Bever, Champesch, Richtung «Bernina Recycling» bis zum Parkplatz, dann zu Fuss Richtung Samedan (ausgeschildert) circa 15 Minuten | Tipp Vor der Chesa Wazzau in Bever steht ein Bänklein (romanisch: Baunchin), das auch heute noch eine sehr wichtige Bedeutung hat: Beim Baunchin versammeln sich die Bauern von Bever regelmässig, um ihre Sitzungen und Wahlen abzuhalten.

3__Die zweite Röhre

Als der Weiler Spinas ein Dorf war

Das Val Bever mit dem Weiler Spinas ist sozusagen das erste Häppchen auf dem Serviertablett des Menüs «Engadin». Wer mit der Bahn durch den Albula ins Engadin fährt, erlebt nach dem Tunnel einen Wow-Effekt, der Lust auf mehr macht. Einsam, ruhig, lieblich liegt das Tal da. Idylle pur.

Nur: Für die nächsten paar Jahre wird dieses schöne Bild etwas gestört. Gleich nach der Portalausfahrt wird derzeit die Stille von Baustellenlärm durchbrochen. Der alte Tunnel ist in die Jahre gekommen und befindet sich in schlechtem Zustand. Deshalb muss eine neue Röhre her, damit die Albulalinie, das UNESCO-Weltkulturerbe, auch weiterhin bestaunt werden kann.

Das Tal wird es schon verkraften, war es doch vor mehr als 100 Jahren schon einmal eine Grossbaustelle – zwischen 1898 und 1903 beim Bau der ersten Röhre. Damals wuchs der Weiler auf bis zu 400 Arbeiter an, doppelt so viele, wie Bever Einwohner hatte. Von Klein-Italien sprach man, weil die Arbeiter vorwiegend aus dem Süden kamen. In der damaligen sogenannten «Era da Spinas» entstanden für sie zwölf bis 15 Gebäude, wie Véronique Schegg in ihrer Liz-Arbeit über die Tunneldörfer Spinas und Preda schreibt. Nach und nach kamen Restaurants und Lebensmittelgeschäfte dazu, eine Schule, eine Post, eine Kirche. Mit Argwohn beäugten die Engadiner das neu entstandene Dorf am Albula-Südportal. Von Getto sprach man, von Wildwest, weil von zahlreichen «Messerten» (Messerstechereien) berichtet wurde. Und trotzdem zog der Ort auch Schaulustige an, die einen Hauch von Italianità – mit Boccia- und Kartenspiel, Musik und südländischer Küche – erleben wollten.

Heute geht es in Spinas vergleichsweise ruhig und harmonisch zu und her. Nur noch wenige der damaligen Gebäude sind geblieben: das Bahnhofsgebäude, ein Schalthaus sowie das Haus vor dem Portal. Und die 30 dort beschäftigten Arbeiter müssen auch nicht mehr in Baracken leben.

Adresse Spinas, 7502 Bever | **Anfahrt** H 27, Silvaplana – Martina, bis Bahnhof Bever, von dort zu Fuss eineinviertel Stunden der Ausschilderung des Wanderweges folgen; rund alle zwei Stunden hält der Schnellzug nach Chur auch in Spinas; Informationen zum Tunnelbau unter www.rhb.ch/albulatunnel | **Tipp** Wer die Stille im Tal geniessen möchte, steigt am besten im Gasthaus Spinas ab. Das gemütliche Hotel mit 12 Zimmern hat eine der ältesten Kegelbahnen im ganzen Engadin. Die Kugeln sind noch original und aus Holz. www.spinasbever.ch

4 Die Gletschertöpfe

Hexenkessel, Teufelsmühlen oder Spiegel der Eitelkeit?

«Ich bin auf der Suche nach einer Quelle, die als Spiegel dienen kann», schrieb der Maler Giovanni Segantini anno 1897 an seine Frau Bice. Gefunden hat er diese Quelle ganz oben im Tal, in Maloja. Nicht an irgendeinem der Seelein, sondern an einem dunklen Loch. Elf Meter tief ist es und hat einen Durchmesser von sieben Metern. Gefüllt mit Wasser bot es dem Künstler die ideale Kulisse, um das Bild «Die Eitelkeit» («Die Quelle des Bösen») zu malen.

Es ist nicht das einzige Loch, das in dieser rauen Landschaft mit knorrigen Bergföhren oberhalb von Maloja zu entdecken ist. 36 dieser kesselartigen Löcher fand man beim Bau des Hotels Belvedere im Jahr 1884. Quellen des Bösen mochten sie für die damalige Bevölkerung tatsächlich gewesen sein, nannte man sie im Volksmund doch auch Hexenkessel oder Teufelsmühlen. Dabei hat ihr Ursprung nun gar nichts mit übersinnlichen Kräften zu tun: Baumeister war schlicht und einfach die Natur – oder vielmehr die Gletscher.

Während der letzten Eiszeit lag Maloja noch unter einer 800 Meter dicken Eismasse. Es wird heute laut Pro Natura Graubünden davon ausgegangen, dass immer dann, wenn ein Gletscher eine Kuppe überfliessen wollte, gewaltige Kräfte entstanden und das Wasser unter dem Eis so mächtigem Druck und Sogwirkungen ausgesetzt war, dass es die Hindernisse erodierte und so die Vertiefungen entstehen liess.

Diese Gletschermühlenansammlung ist einzigartig in Europa und auch die grösste. Sie steht seit 1953 unter Naturschutz, als Pro Natura das Gebiet mit Unterstützung des Schweizerischen Heimatschutzes und des Kantons Graubünden kaufte. Wer sich diese Trichter anschauen möchte, steigt von der Hauptstrasse bei der Post in Maloja einen kleinen Kiesweg hinan und behält den Turm Belvedere als Wegweiser im Auge. Infotafeln im lichten Föhrenwald rund um den Turm erklären die Entstehung der Trichter.

Adresse Gletschermühlen, 7516 Bregaglia-Maloja | Anfahrt H 3, Silvaplana – Chiavenna, in Maloja bis zur Post, dann zu Fuss dem Wanderweg Richtung Torre Belvedere folgen | Tipp Von Maloja aus erreicht man den Lunghinsee in circa anderthalb Stunden zu Fuss und von dort in einer Dreiviertelstunde den Pass Lunghin. Von diesem Punkt aus kann das Wasser in drei Meere abfliessen: Richtung Südwesten ins Mittelmeer, nach Osten ins Schwarze Meer und nach Norden in die Nordsee.

5 Die weisse Kirche

Giovanni Segantinis letzter Ort

Es gibt viele Orte im Engadin, die man mit dem Maler Giovanni Segantini verbindet. Den Schafberg ob Pontresina etwa, wohin der Künstler sich zum Malen zurückzog. Oder das Segantini-Museum in St. Moritz, wo sein berühmtes Triptychon «Werden – Sein – Vergehen» zu bestaunen ist. Oder das Wohnhaus der Familie Segantini in Maloja. Die Chiesa Bianca im selbigen Dorf allerdings ist fast ebenso wichtig: Hier wurde der Künstler nach seinem Tod aufgebahrt und von Giovanni Giacometti ein letztes Mal gemalt.

Das schmucke Kirchlein liegt nahe dem Silsersee auf einem kleinen Hügel. Der Graf Camille Frédéric Maximilian de Renesse liess es 1884 vom belgischen Architekten Jules Rau erbauen. Noch weitere Bauten kamen in Maloja – einst eine kleine Maiensäss-Siedlung der Bergeller Bauern – dazu: das Hotel Kursaal, das Schloss Belvedere, mehrere Chalets und neben der Kirche San Gaudenz noch ein weiteres Gotteshaus. Anfangs, als die Gräfin Renesse die Kirche dem Hotel Kursaal schenkte, war sie anglikanisch. 1890 wurde sie katholisch. Als 1967 in Maloja eine neue katholische Kirche gebaut wurde, entsakralisierte man San Gaudenz und wandelte sie in ein Ferienlagerhaus um. Im Kirchenraum waren die Massenlager, im Eingangsbereich die Waschbecken.

Für Segantinis Enkelin Gioconda Leykauf-Segantini war die Kirche schon immer ein besonderer Ort, und als sich die Gelegenheit bot, die Kirche im Baurecht zu übernehmen, musste sie nicht lange überlegen. Seither heisst sie Chiesa Bianca. Mit Hilfe von Sponsoren und Freunden wurde die Kirche restauriert und ist nun ein Begegnungsort im Sinne von Segantini – mit Konzerten, Festen, Lesungen und Hochzeiten. Jedes Jahr findet zudem eine Ausstellung statt. Originalbilder von Giovanni Segantini werden zwar keine gezeigt. Aber immerhin steht das alte Friedhofstor von Maloja in der Apsis, das Segantini einst auf sein Bild «Glaubenstrost» gebannt hatte.

Adresse Chiesa Bianca, 7516 Bregaglia-Maloja | **Anfahrt** H 3, Silvaplana – Maloja, bis Maloja, nach dem Hotel Schweizerhaus links auf Casa Motti und weiter auf La Motta | **Öffnungszeiten** Mitte Juli – Ende Aug. täglich 11 – 18 Uhr | **Tipp** Zuoberst auf dem Felsriegel von Maloja thront der Torre Belvedere. Einst von Graf Camille de Renesse als Teil der Privatresidenz Schloss Belvedere erbaut, beherbergt er heute das Naturzentrum von Pro Natura mit wechselnden Ausstellungen und einer Aussichtsplattform mit Blick übers Engadin und das Bergell. www.pronatura-gr.ch

6 Die strahlenden Geissen

Der Weiler lebt auch im Winter

Es kann gut sein, dass man sich auf dem Weg von Sils nach Isola im Winter vorkommt, als wäre man ein Protagonist in einer der «üblen Geschichten» aus dem Buch «Tod in Sils Maria» von Ulrich Knellwolf. Einsam führt der Weg erst durch ein lichtes Wäldchen und dann über den See. Keine Seele weit und breit. Und man fragt sich, ob einem wohl irgendwo ein dunkles Eisloch begegnet, das die Menschen verschluckt. Oder ein Jäger, der mit seiner Flinte hinter dem Baum lauert.

Verlassen und ruhig liegt der Weiler Isola im Winter da, als hätten die Bewohner die Flucht ergriffen. Nur die Familie Pedroni-Cadurisch und ihre drei Kinder leben ganzjährig im Weiler. Diese müssen auf Langlaufskiern zur Schule. Doch im Sommer hört man ein feines Gebimmel, mal oben Richtung Val Fedoz, mal direkt am See. Es sind die Geissen der Familie Pedroni-Cadurisch. Munter springen sie herum, beäugen neugierig den Besuch. Rund 80 bis 120 Strahlengeissen sind es, die wegen ihres weissen Flecks auf der Stirn so heissen und eine genügsame Bündner Gebirgsrasse sind. Es waren auch schon mal mehr. «Doch seit in Isola immer mehr Ställe zu Ferienwohnungen werden, haben wir zu wenig Platz für sie», erklärt Vreni Cadurisch. Sie träumt von einem schönen, grossen Stall mit Käserei, damit der Betrieb auch in Zukunft erhalten werden kann.

Vor mehr als 30 Jahren hat sie sich mit ihrem Mann Fluri in Isola niedergelassen und die Geissenzucht sowie die Käseproduktion ihrer Mascarpin (Frischkäse) aufgebaut. Bald möchten sie den Betrieb an ihre Tochter Bettina Pedroni-Cadurisch weitergeben, die für die Zucht zuständig ist. Mutter Vreni unterstützt sie, denn es gibt immer viel zu tun. Die Geissen – sowie zwei Esel und Pferde, die auch auf dem Hof leben – müssen gefüttert und gepflegt werden. Und auch die Käseproduktion gibt allerhand Arbeit. Die Mascparins sind so köstlich, dass sich alleine schon deswegen der Weg nach Isola lohnt.

Adresse Familie Pedroni-Cadurisch, Isola, 7516 Bregaglia-Maloja, www.isola-capra.ch | Anfahrt H 3, Maloja–Silvaplana, in Sils Abfahrt Richtung Dorf, bis zum Parkhaus, dann zu Fuss auf dem ausgeschilderten Wanderweg in gut einer halben Stunde nach Isola | Öffnungszeiten auf Voranmeldung | Tipp Das Engadin hat nicht nur die fünf «grossen» Seen zu bieten: Von Maloja aus führt eine gemütliche Rundwanderung zum Lägh da Cavloc und zum Lägh da Bitabergh, dem hellen und dem dunklen See.

7 Das Bobmuseum

Originalschlitten aus allen Epochen

Wagemutig waren sie schon damals, als die Geschwindigkeiten noch nicht so hoch und die Schlitten weit weniger aerodynamisch waren als heute. Da wirbelten beim Sturz schon mal Damen mit fliegenden Röcken durch die Luft, wie Bilder um 1900 zeigen. Die weibliche Besetzung war in den Anfängen des Bobsports übrigens reglementarisch vorgeschrieben, jeder Bob musste mit zwei Frauen besetzt sein.

Auch sonst erfährt man Erstaunliches im Bobmuseum unter dem Dach des Kindergartenhauses in Celerina. Es beleuchtet die über 100-jährige Geschichte dieses Sports. Luftlinienmässig liegt das Museum nur ein paar hundert Meter entfernt von der Wiege des Bobsports am God da Ruinatsch zwischen Celerina und St. Moritz, der einzigen Bobbahn der Welt, die noch aus Natureis besteht. Diese entstand übrigens schon 1903, noch bevor man die Eisenbahnstrecke nach St. Moritz eröffnete. Und sie war damals nicht die einzige im Engadin. In Pontresina gab es sogar zwei Bahnen – eine mitten durchs Dorf, wo heute das Kongress- und Kulturzentrum Rondo steht, die andere beim Morteratschgletscher mit Blick aufs Berninamassiv.

In der Ausstellung durchläuft man auf dem Dachboden die verschiedenen Epochen: von den über 100-jährigen Holzschlitten über die legendären Fünferschlitten, die bei den Olympischen Winterspielen 1928 in St. Moritz gefahren wurden, bis hin zu neueren Modellen, die unter anderem von den Schweizer Boblegenden Erich Schärer, Nico Baracchi oder Donat Acklin gefahren wurden. Filmdokumente, Bilder und Medaillen ergänzen die Ausstellung.

Bei einer Führung mit Donald Holstein, Mitbegründer des Museums und Leiter der Bobschule St. Moritz, erfährt man noch einiges mehr über die Wintersportart. Der leidenschaftliche Bobfahrer erzählt gern von Referenz-Kufen, technischen Finessen des Podar-Steuerungssystems oder den Feierabend- und Hartkopf-Bobs.

Adresse Bobmuseum, Giassa da Scoula 6, 7505 Celerina, www.bobmuseum.ch | **Anfahrt** H27, Silvaplana–Martina, Abfahrt in Celerina auf Via da la Staziun, weiter bis Kreuzung Via Maistra, dann weiter zum Schulhaus | **Öffnungszeiten** Juli–Okt. und Mitte Dez.– April Di 17–18 Uhr, individueller Besuch auf Anfrage | **Tipp** Celerina gilt bei Fischern als Aeschen-Mekka. Oberhalb der Flazbach-Mündung in den Inn tummeln sich besonders viele Aeschen, weil sie hier viele Insekten (zum Beispiel Köcherfliegen) finden. Fangzeit: 1. Juni bis 15. September, nur mit Patent.

8 Der Freizeitwald

Auf dem Barfusstrail im Stazerwald

New York hat den Central Park, London den Hyde Park, Paris den Bois de Boulogne – Celerina und St. Moritz den Stazerwald. Hierhin flüchten sich die Städter auf der Suche nach ein bisschen Natur, ohne sich gleich grossen körperlichen Aktivitäten aussetzen zu müssen. Was zur Folge hat, dass man im Stazerwald kaum je allein ist – fast egal, zu welcher Jahreszeit.

Viele Wege führen zum Stazerwald. Fast sternförmig erreicht man den lichten Lärchen- und Arvenwald – von Pontresina, St. Moritz oder Celerina in jeweils einer knappen halben Stunde. Im Winter, wenn die Bäume dick mit Schnee bedeckt sind, ist der Ort ein verzauberter Märchenwald. Erst recht, wenn dann Eichhörnchen frech über die Wege hüpfen und die Meisen um die Köpfe der Spaziergänger fliegen. Die Vögel wissen genau, weshalb, haben die Zweibeiner doch oft auch etwas zum Picken dabei. So braucht man nur die Hand mit etwas Vogelfutter auszustrecken, und schon ist man Landefläche für die hungrigen Tierchen und kann sie aus nächster Nähe beobachten. Sofern man sich ganz ruhig verhält und sich von den Füsschen der Meisen nicht gekitzelt fühlt.

Im Sommer ist der Stazerwald sozusagen das Fitnesscenter der Region. Da wird geradelt und gewandert, gewalkt oder geritten, gejoggt oder geschwommen. Letzteres allerdings ist nur etwas für ganz Wagemutige, sind doch die Temperaturen im Stazersee nicht eben mit denen einer Therme zu vergleichen.

Bei all dieser Geschäftigkeit kann es schon sein, dass mancher diese Gegend lieber meidet. Trotzdem gibt es auch ganz lauschige Ecken zu entdecken. Zum Beispiel auf einem der Barfusstrails. Tafeln mit kleinen Füssen weisen den Weg. Dieser geht mal über weiche Wiesen, mal über Wurzelwege, Steine oder durch Sumpf. Eine wahre Sinnesreise für die Füsse, die dabei wunderbar durchblutet werden. Das Beste daran: Man ist auf diesen kleinen Nebenwegen meist ganz allein.

Adresse Stazerwald, 7505 Celerina, www.engadin.stmoritz.ch | **Anfahrt** H 27, Silvaplana–Martina, bis Kreuzung San Gian, dort parken und zu Fuss auf dem ausgeschilderten Weg Richtung Stazersee | **Tipp** Etwas abenteuerlicher kann man die Natur erfahren, indem man auf dem Trottinett oder mit Mountainbikerädern von der Bergstation Marguns ins Tal hinunter nach Celerina saust. Jeweils ab Ende Juni bis Mitte Oktober geht es auf einem Natursträsschen vorbei an blühenden Alpenwiesen und durch lichte Wäldchen.

9 Der fehlende Turmspitz

Von der Begräbnis- zur Hochzeitskirche

Schon manche Fotokamera hat dieses Kirchlein eingefangen, das auf dem Hügel in der Ebene von Champagnatscha bei Celerina so fotogen posiert. Mit seinen zwei ungleichen Türmen ist es zu einem Wahrzeichen im Oberengadin geworden. Und schon mancher hat sich gefragt, was es mit dem fehlenden Turmspitz auf sich hat.

Bis vor wenigen Jahrzehnten ging man davon aus, dass die Kirche von Anfang an in der heutigen Form erstellt worden war. Ausgrabungen des Archäologischen Dienstes Graubünden im Jahr 1973 brachten jedoch zutage, dass dort zuerst nur eine Kapelle stand. Diese kleine Taufkapelle, 1320 zum ersten Mal erwähnt, umfasste in etwa die Südseite der heutigen Kirche. 1478 liess Bischof Ortlieb von Brandis an gleicher Stelle die heutige Kirche erbauen. Der Turm kam erst etwa 1515 dazu.

Am 10. Juni 1682 muss ein schlimmes Gewitter gewütet haben, das sowohl den Spitzhelm als auch die Glocke der Kirche zerstörte. Die Glocke fiel zu Boden. Aus ihrer Bronze goss man neue Glocken für die Kirche Bel Taimpel in Celerina. Wiederaufgebaut wurde der Turm seither nicht mehr. Manche sagen, aus Aberglauben, weil die Natur ein Zeichen gesetzt habe. Es war wohl eher Geldmangel. Und so galt die Kirche über Jahre als «dunkles Loch», als Totenkirche. Seit in den 1980er Jahren die Fresken, die das Leben von Johannes dem Täufer zeigen, freigelegt wurden, ist die Kirche mit der prachtvollen, bunten Holzdecke äusserst beliebt für Hochzeiten.

Am Fuss der Kirche San Gian liegt übrigens der höchstgelegene Fussballplatz Europas. Wegen der optimalen Höhenluft trainieren hier immer wieder prominente Mannschaften wie der FC Basel, ZSKA Moskau oder die Junioren des AC Milan. 2014 haben die Architekten Klainguti+Rainalter daneben einen schlichten Kubus als Mannschaftsgebäude gebaut. Die Duschen wurden mit Mosaikwänden versehen, die sich farblich an den Deckenmalereien der Kirche San Gian orientieren.

Adresse Kirche San Gian, Via San Gian 21, 7505 Celerina-San Gian | **Anfahrt** H27, Silvaplana–Martina, Ausfahrt Celerina, weiter auf Via da la Staziun, nach 15 Metern rechts abbiegen auf Via Bambas-ch, nach 270 Metern links abbiegen, um auf Via Bambas-ch zu bleiben, nach 350 Metern rechts abbiegen auf Via San Gian | **Öffnungszeiten** Im Winter Mo 10–11.30 Uhr, Fr 14–15.30 Uhr, im Sommer Do, Fr 14–16.30 Uhr | **Tipp** In Gehdistanz in Richtung Celerina befindet sich das Hotel Chesa Rosatsch mit der «Hühnerei». Das Restaurant pickt das Beste vom Huhn und vom Ei heraus: Eier-Tatar oder Pollo tonnato, Onsenei oder Coq au Vin. www.rosatsch.ch

10 Die Acla Serlas

Die grösste Alphütte Graubündens

Eine Fee oder ein König haben hier nie gehaust, obwohl die Acla Serlas auch «das Märchenhaus» genannt wird. Es hat wohl eher damit zu tun, dass das wilde Val Chamuera mit seinen Schluchten als geheimnisvoll gilt. Vielleicht auch damit, dass man den Erbauer dieser mächtigen Alp für etwas verrückt hielt. Als Giachem Orlandi 1827 nämlich das Prachtgebäude bauen liess, sollte es als ganzjähriger Landwirtschaftsbetrieb dienen. Dazu pachtete er von den Gemeinden die umliegenden Alpen und liess sich am sonnigsten und lawinensichersten Platz das Haus mit fünf Stöcken und einem lang gezogenen Stall errichten. Im Parterre befinden sich herrschaftliche Arvenstuben und eine Küche, darüber die Schlafzimmer des Besitzers und der Angestellten. Dazu baute Orlandi noch ein riesiges Heulager für die Winterversorgung sowie eine Käserei.

Das mochte im Sommer alles gut funktionieren und in der Theorie auch im Winter. Doch auf 2.000 Metern Höhe in einem Talkessel gelegen, der nur durch das Val Chamuera einigermassen gut erreicht werden konnte, war das Vorhaben von Beginn weg zum Scheitern verurteilt. Im Winter konnte das Tal schon mal ein paar Monate unpassierbar sein. Orlandi liess sich darob nicht von seinen Plänen abbringen und zog mit Mann und Vieh auf die Alp Serlas. Anfangs ging alles ganz gut – bis einer seiner Knechte im Winter an einer Blinddarmentzündung verstarb. Weil man ihn wegen Lawinengefahr nicht ins Tal bringen konnte, wurde er bis zum Frühling im Estrich aufgebahrt. Das brachte die gläubigen Chamues-cher in Rage. So hatte nach diesem Vorfall auch Giachem Orlandi ein Einsehen und gab die Acla Serlas wieder auf.

Seine Nachfahren nutzen das schöne Haus heute als Rückzugsort und Jagdsitz. Im Juni und Juli wird es von einem Alphirten bewohnt. Aber alle zwei Jahre kann man das Märchenhaus auch von innen besichtigen.

Adresse Acla Serlas, 7522 La Punt-Chamues-ch, www.engadin.stmoritz.ch/lapunt | **Anfahrt** H 27, Silvaplana–Martina, bis La Punt Dorf, über die Brücke nach Chamues-ch auf die Via Cumünela bis ins Dorf, dort parken und zu Fuss in gut zwei Stunden auf dem Wanderweg Richtung Acla Serlas | **Öffnungszeiten** alle zwei Jahre im Sommer findet ein Alpgottesdienst statt mit Besichtigungsmöglichkeit des Hauses | **Tipp** Oberhalb des Dorfplatzes von Chamues-ch befindet sich die erste Waldgalerie unter freiem Engadiner Himmel. Auf dem Rundgang mit zehn Stationen zeigt der einheimische Künstler Hans Barandun Ölbilder zu einem jährlich wechselnden Thema.

11 Die alpine Denkfabrik

Der InnHub, ein Leuchtturm, der in die Welt strahlen soll

«Teis prüm terz lö» – diese vier Worte klingen wie eine Verheissung, denn sie bedeuten so viel wie: «Your first third place». Ein Rückzugs-, Vernetzungs- und Inspirationsort also – weg von Arbeitsplatz und Zuhause. Diesen Ort gibt es tatsächlich: das InnHub PopUp in La Punt-Chamues-ch an der Via Cumünela 32. Dort, wo einst eine Brache war, befindet sich nun dieser Vorbote und zeigt im Kleinen, was in ein paar Jahren im Grossen nur ein paar Meter entfernt entstehen soll.

In den hellen Räumen mit modernster Infrastruktur herrscht ein geschäftiges Treiben. Einheimische, Zweitheimische oder Feriengäste nutzen den Coworking Space für einen Tag, eine Woche oder auch länger, um hier gleichzeitig zu arbeiten und sich in der Natur zu erholen. Im Sitzungsraum findet eine VR-Sitzung oder ein Meeting eines Start-ups statt, im angeschlossenen Gesundheitszentrum kümmern sich Physiotherapeuten und Ärzte um Patienten. «Die Weite des Tals, die grandiose Bergkulisse sind nicht zu unterschätzen», ist Andrina Brunner, Geschäftsführerin des PopUp InnHub überzeugt, «man arbeitet hier mit einem anderen Gefühl und anderer Inspiration.»

Das kleine Bergdorf möchte sich mit dem InnHub als alpine Denkfabrik, als Innovationszentrum auf die Landkarte setzen. Strippenzieher hinter dem Grossprojekt ist Jon Erni, Begründer von miaEngiadina, einem Verein, der zum Ziel hat, Menschen zu vernetzen und das Engadin zum bevorzugten Arbeits-, Wohn- und Inspirationsort zu entwickeln. Und es funktioniert! So wurde das Engadin bereits als digitalstes Tal der Schweiz ausgezeichnet. In La Punt stiess Erni auf offene Ohren und holte On-Mitgründer Caspar Coppetti und Medienunternehmer Beat Curti an Bord. Bis 2026 wird zwischen Inn und dem alten Dorfzentrum auf 7.000 Quadratmetern ein Zentrum für Arbeits- und Begegnungsmöglichkeiten entstehen, gebaut vom Londoner Stararchitekten Norman Foster. Es soll zum Herzstück der beiden Gemeinden und ein Leuchtturm für die ganze Region werden.

Adresse Via Cumünela 32, 7522 La Punt Chamues-ch, www.innhub.ch | **Anfahrt** H 27, Silvaplana–Martina, in La Punt die rechte Abfahrt über die Brücke auf die Via Cumünela nehmen | **Öffnungszeiten** Mo–Fr 8–18 Uhr, Sa/So geschlossen | **Tipp** Das historische Gasthaus gleich nach der Brücke heisst «Krone – Säumerei am Inn». Hier verbindet der britische Sternekoch James Baron lokale Produkte und Geschmacksnoten aus aller Welt zu einer köstlichen Alpenküche. www.krone-lapunt.ch

12 Die Chamanna d'Es-cha

Auf den Spuren von Max Frisch

In welchem Heustadel die Hauptfigur in Max Frischs Roman «Mein Name sei Gantenbein» auf dem Weg zum Piz Kesch Unterschlupf fand, werden wir wohl nie abschliessend erfahren. Nur so viel steht fest, dass sich Gantenbein an einem wolkenlosen April- oder Maisonntag des Jahres 1942 auf den Weg machte. Und dies, obwohl es dem in Samedan stationierten Diensthabenden verboten war, allein in die Berge zu gehen. Deshalb mied er auf seinem Weg die Berghütten, weil er darin Offiziere vermutete, denen er, «ein simpler Kanonier», sein «Urlaubsziel hätte melden müssen». Oben beim Piz Kesch kommt es dann doch zu einer Begegnung. Er trifft einen deutschen Nazi, der ihn so nervt, dass er ihn am liebsten in den Abgrund gestossen hätte.

Auf seiner Wanderung Richtung Piz Kesch dürfte Gantenbein auch an der trutzigen Chamanna d'Es-cha vorbeigekommen sein. Die Berghütte ist vor allem im Sommer ein ideales Wanderziel, wenn man den Oberengadiner Hauptattraktionspunkten etwas entgehen will. Vom Tal her erreicht man sie in rund drei Stunden, vom Albulapass (Alp Nova) in gut zwei Stunden. Im Sommer wird man begleitet von Murmeltierpfiffen – und manchmal auch von ein paar aufdringlichen Kühen. Von Madulain her kommend geht der Weg schon bald ab von der Alp Es-cha Dadains. Dann wird's richtig anstrengend: In unzähligen Spitzkehren erreicht man die SAC-Hütte. Schweisstreibend ist das, doch die Aussicht von der Hüttenterrasse entschädigt reichlich für die Mühen. Vor uns liegt die ganze Berninagruppe, hinter uns der Piz Kesch.

Wer die Landschaft mit den Augen des passionierten Bergsteigers Max Frisch sehen will, muss noch ein Stück weiter wandern, bis mindestens zur Porta d'Es-cha. Dann kann es gut sein, dass «der Fels im Nachmittagslicht wie Bernstein erscheint und der Himmel darüber violett, der kleine Gletscher dagegen bläulich» – ganz so, wie er es in «Mein Name sei Gantenbein» beschrieben hat.

Adresse Chamanna d'Es-cha, 7522 La Punt-Chamues-ch, www.es-cha.ch | **Anfahrt** H 27, Silvaplana – Martina, entweder bei La Punt auf die Albulastrasse und bis Alp Nova, von dort zu Fuss auf dem Wanderweg zur Hütte (auch mit dem Rufbus erreichbar, Tel. 079/2117755) oder ab Madulain Dorf dem ausgeschilderten Weg bis zur Hütte folgen | **Öffnungszeiten** Mitte Feb. – Mitte April, Mitte Juni – Mitte Okt. | **Tipp** Ebenfalls von Madulain aus erreicht man den Berg Muntischè. Im Winter ist er ein beliebter Berg für Skitouren, im Sommer ein wahres Edelweiss-Paradies.

13 Der Meisterschütze

Ein Haus voller Trophäen

Heute würde man Andrea Petrign Laudenbacher (1915–1993) einen Tausendsassa nennen. Allein schon wegen seiner diversen beruflichen Tätigkeiten, die der gelernte Coiffeur ausgeübt hat. Mal amtete er als Gemeindeschreiber, dann arbeitete er bei einer Bank, leitete anschliessend eine Sägerei und später auch noch ein Baugeschäft. Vor allem aber war er ein leidenschaftlicher, ja geradezu fanatischer Jäger.

Fast so wie der grosse Gian Marchet Colani, dessen Antlitz auf dem Brunnen beim Dorfplatz von Chamues-ch in einen Steinblock gemeisselt wurde. Dieser steht nur ein paar Schritte neben der Chesa Laudenbacher. Der Hausherr mag nicht ganz so viele Gämsen, Hirsche und sonstige Tiere geschossen haben wie Colani. Aber über 300 Stück sind auch schon eine Menge. Diese Trophäen hängen alle in seinem Wohnhaus, das nach seinem Ableben in eine Stiftung überführt wurde und heute ein Museum ist.

Betritt man den grosszügigen Sulèr des Engadinerhauses, wird man schon von zahlreichen Trophäen empfangen. So richtig erschlagen fühlt man sich aber im Jägerzimmer im ehemaligen Heustall des Bauernhauses, das der Besitzer genau so bewohnt hatte. Kaum ein Fleck an der Wand, der nicht mit einem Geweih oder einem ausgestopften Tier geziert wäre. Selbst auf dem Galeriegeländer und an der Decke hängen sie. So beeindruckende wie etwa die zwölf abgeworfenen Geweihe des immer gleichen Hirsches. Oder die Hörner von Oryx, Impala, Kudu und Gnu, die der Jäger auf seinen Auslandsreisen in Kenia, Namibia oder Rumänien schoss. Und da ist auch ein Bärenfell, das die Blicke der Besucher auf sich zieht. Ob tatsächlich Laudenbacher diesen Meister Petz geschossen hat, weiss nicht einmal Gian Peider Albin, der hier Führungen durch die Sammlung macht. Aber er weiss sonst einiges über den ehemaligen Bewohner zu erzählen, wie die Geschichte mit den Tiefkühltruhen voller Fleisch oder wie man Trophäen am besten vom Staub befreit.

Adresse Chesa Laudenbacher, Curtins, 7522 La Punt-Chamues-ch, Tel. 081/8542477 | **Anfahrt** H 27, Silvaplana–Martina, in La Punt ab auf die Via Cumünela Richtung Chamues-ch bis zum Dorfplatz | **Öffnungszeiten** Auf Anfrage | **Tipp** In den schneefreien Monaten führt von La Punt eine 8,6 Kilometer lange, geteerte Inline-Strecke nach S-chanf. Wenn der Maloja-Wind bläst, fährt es sich fast wie von allein.

14 Der Palazzo Josty

Wo einst junge Frauen in die Rüebli-RS einrückten

Wie ein Koloss steht er mitten in Madulain, direkt neben der evangelischen Kirche San Batrumieu und dem Friedhof: der Palazzo Josty. Auf unzählige junge Frauen – und später auch Männer – aus den Zürcher Gymnasien mochte das Gebäude eher wie eine Kaserne gewirkt haben. Sie mussten hier einst die obligatorische Hauswirtschaftsschule absolvieren. In mehrwöchigen Kursen lernten sie kochen, putzen, flicken, nähen und was eine Hausfrau sonst noch alles können musste. Deshalb wurde die «Husi» in Anlehnung an die Männer-Rekrutenschule auch «Rüebli-RS» genannt.

Doch irgendwann Anfang dieses Jahrtausends wurden diese Kurse abgeschafft, und das Haus stand lange leer. 2005 verkaufte es die Stadt Zürich an ein Immobilienunternehmen, das die einstigen Mehrbettzimmer in luxuriöse Wohnungen umgestalten liess. Bestimmt mit allen Annehmlichkeiten, die auch schon die jungen Frauen der Rüebli-RS geschätzt hätten.

Und so verschwand auch der Namenszug «Palazzo Josty» am stattlichen Haus. Dieser ging auf ein Geschlecht zurück, das im 19. Jahrhundert zu viel Reichtum kam. Gian Josty, der sich später Johann nannte, zog nach Magdeburg, wo er eine Lehre als Zuckerbäcker absolvierte. Später eröffnete er in Berlin gegenüber dem Schloss eine Konditorei, die bald zu den vier «confiseurs rois» gehörte. Ihm folgte 1818 Bruder Daniel, der zuerst in Südfrankreich das Bierbrauen lernte und später in Berlin am Prenzlauer Berg eine Bierbrauerei eröffnete. Zusammen legten sie den Grundstein zu einem Imperium mit mehreren Filialen in Berlin. Darunter auch das Café Josty am Potsdamer Platz. Hier verkehrten Schriftsteller wie Theodor Fontane, Heinrich Heine oder Erich Kästner, der auf der Terrasse seine berühmte Geschichte «Emil und die Detektive» geschrieben haben soll. Irgendwann zog es die beiden Brüder wieder ins Engadin zurück. Johann liess in Sils seinen Alterssitz erbauen (heute Hotel Margna) und Daniel in Madulain den Palazzo Josty.

Adresse Palazzo Josty, Via Principela 14, 7523 Madulain | **Anfahrt** H 27, Silvaplana-Martina, nach La Punt nach einem Kilometer vor der Brücke leicht links abbiegen Richtung Madulain auf Via Principela, dieser 240 Meter folgen | **Öffnungszeiten** Das Haus ist nur von aussen zu besichtigen. | **Tipp** Gleich beim Bahnhof Madulain befindet sich ein lauschiger Campingplatz. Wer nicht mit Wohnwagen oder Zelt anreist, kann auch in sogenannten Podhouses oder ehemaligen Weinfässern schlafen, www.campingmadulain.ch.

15 Die Zollburg

Vom Camogasker und Wilhelm Tell des Oberengadins

Weder Ritter noch Prinzessinnen haben je auf dieser Burg gewohnt. Die Guardaval ob Madulain, deren Ruinen sich auf 1.785 Metern erheben, diente vielmehr als Zollstation. Bischof Volkard von Neuburg aus Chur liess sie 1237–1251 erbauen. Nicht zufällig hatte er sich diesen Ort ausgesucht, lag die Burg doch verkehrstechnisch ideal: im Kreuz zwischen den wichtigen Alpenpässen Reschen und Julier sowie dem Albula und dem Bernina. An dieser Burg kam im Mittelalter also niemand vorbei, ohne einen Batzen abzugeben.

Dies mochte nicht allen gefallen. So wurde der Ort bald Nährboden für allerlei Sagen. Eine erzählt vom Camogasker, einem Burgherrn, der eines Tages erfuhr, dass er nicht der Sohn seines verehrten – vermeintlichen – Vaters, sondern der Abkömmling eines ganz gewöhnlichen Mannes war. Daraufhin liess er diesen über den Felsen werfen und die Gebeine seiner Mutter aus dem Grab holen. Er zog sich ins Camogaskertal (nahe Livigno) zurück, hasste fortan die Menschen und brachte Unglück, wo immer er auftauchte. Das geschah einige Male im Jahr, an besonders düsteren Tagen. Kinder, die an diesen Tagen geboren wurden, nannte man deswegen Camogaskerkinder.

Eine andere Sage erzählt, dass im Jahr 1420 ein sehr unbequemer Vogt auf der Burg Guardaval regiert haben soll. Er verging sich oft an jungen Frauen des Tals. Auch auf die schöne Tochter von Adam da Chamues-ch hatte er ein Auge geworfen, der ein Unglück jedoch zu verhindern wusste. Mit einer List begehrte der Vater Einlass auf der Burg und erdolchte den Vogt. Dank dieser Tat wurde er als «Wilhelm Tell des Oberengadins» gefeiert. Noch heute steht am Wohnhaus Adams an der Via Cumünela 91 in Chamues-ch der Schriftzug: «Chesa Adam da Chamues-ch Liberatur da Guardaval 1420».

Heute geht es auf der Burgruine weniger düster zu und her. Jedes Jahr am letzten Sonntag im Juli findet auf Guardaval ein Gratis-Open-Air-Konzert statt. Dann vertreiben die fröhlichen Klänge alle düsteren Sagen.

Adresse Ruine Guardaval, 7523 Madulain | Anfahrt H 27, Silvaplana – Martina, bis Madulain Bahnhof, von dort in einer Viertelstunde zu Fuss dem Wanderweg bis zur Ruine folgen | Tipp Das Engadin hoch zu Ross erleben kann man bei der River Ranch in Madulain – egal, ob mit Reiterfahrung oder ohne, vom kurzen Ausritt bis zu mehrtägigen Touren. www.engadin-riverranch.ch

16__Die Berninahäuser

Wo zwei «Könige der Bernina» Geschichte schrieben

Trutzig wie eine Festung gegen Wetter, Wind und die ganze Welt stehen die Berninahäuser in der Landschaft von Bernina Suot. Hier oben auf 2.064 Metern kann die Natur schon mal ihre Zähne zeigen. «Manchmal sind die Schneeverwehungen bis zwei Meter hoch, und wir kommen kaum noch vor die Tür», erzählt die Familie Cicognani, die Gastgeber im Gasthaus und Hotel Berninahaus.

Bücher voller Geschichten könnte das Haus erzählen, schliesslich hat es über 500 Jahre auf dem Buckel. Einst wurde das Ensemble aus Hauptgebäude, Wohnhaus und Stall als Unterkunft und Raststation auf dem Säumerweg vom Oberengadin ins Puschlav angelegt. Hier logierten auch die Bergbauleute, die im Val Minor Silber abbauten. Mitte des 19. Jahrhunderts wurde eine schmale Strasse über den Berninapass gebaut, sodass auch Pferdekutschen vorbeikamen. Mit der Eröffnung der Eisenbahnstrecke 1909 samt eigener Station und sogar Poststelle (diese wurde erst 1983 geschlossen) kamen die Gäste aus aller Welt.

Zwei Personen haben dem Gasthaus ihren besonderen Stempel aufgedrückt: der berühmt-berüchtigte Jäger Gian Marchet Colani, um den sich viele Legenden ranken und der Vorbild war für Jacob Christoph Heers Roman «Der König der Bernina». Er war hier Wirt und Pächter. In einem Deckenbalken, der bei der letzten Renovation freigelegt wurde, hat er sich verewigt mit «Colani 1818».

Ebenfalls eine Art «König der Bernina» war Johann Wilhelm Coaz. Der Bergsteiger hat am 13. September 1850 vom Berninahaus aus als Erster den Piz Bernina, den einzigen Viertausendergipfel der Ostalpen, bestiegen.

Auch heute noch ist das charmant eingerichtete Hotel, teils mit noch ursprünglichen Zimmern, ein idealer Ausgangspunkt für Bergtouren. Colani hätte immer noch seine Freude hier. Denn im Herbst nach der Jagd röhren die Hirsche gleich hinter dem Haus um die Wette.

Adresse Gasthaus & Hotel Berninahaus, Bernina Suot 3, 7504 Pontresina, www.berninahaus.ch | **Anfahrt** H 29, Celerina – Poschiavo, bis Bernina Suot | **Öffnungszeiten** Juni – Okt. und Dez. – April täglich | **Tipp** Die Stollen, in denen im Val Minor einst Erz abgebaut wurde, kann man zwar nur im August mit einem Führer besuchen, doch die Wanderung in das liebliche Tal ist auch sonst lohnenswert.

17 Die Crots

Marcel Prousts Rätsel auf Sassal Masone

Zu gut lassen sich Marcel Prousts Beobachtungen mit einem Kopfnicken bestätigen, wenn man auf der Terrasse bei Sassal Masone steht: «Uns zur Seite schimmerten Gletscher. Zu unseren Füssen durchzogen reissende Bergbäche eine wilde Engadiner Landschaft von dunklem Grün.» Das schrieb der französische Schriftsteller 1893, als er von hier ins Puschlav blickte.

Noch vieles ist so wie damals, wenn auch der Palü-Gletscher mittlerweile stark geschrumpft ist. Die zwei Crots etwa, diese eigentümlichen kreisrunden Steinbauten, die wie Iglus aussehen. Statt als Gaststätte dienten sie als Wein- und Käsekeller. Das Ristorante daneben, wo Pino Pianta und seine Familie bis vor kurzem wirteten, gab es damals aber noch nicht. Vom Ospizio Bernina aus gelangt man in gut einer Stunde zum Ristorante auf rund 2.300 Metern Höhe.

Pianta ist der Urenkel des ersten Besitzers Angelo Gramatica. Ein schönes Plätzchen hatte sich der Puschlaver da ausgesucht. Angeblich nicht ganz freiwillig: Weil er als Bäcker in Poschiavo keine Arbeit fand, wollte er seine Backwaren ins Engadin bringen. Doch schon in Alp Grüm kauften ihm die Feriengäste all seine Süssigkeiten ab. Nicht ganz zur Freude des dort ansässigen Wirtes. Die Gemeinde Poschiavo soll ihm dann erlaubt haben, irgendwo am steilen Hang seinen Laden einzurichten, erzählt sein Nachfahre.

Als sich Proust mit 22 Jahren bei seinem Besuch auf Sassal Masone im Gästebuch einschrieb, kannte ihn noch niemand. Erst später wurde man sich des hohen Besuches bewusst. Allerdings hinterliess der Schriftsteller mit seinem Eintrag auch ein Rätsel, das bis heute nicht wirklich gelöst ist. Neben seinen Namen setzte er die Initialen «A. G.» sowie den deutschen Satz «Dem Vogel, der heut sang». Inzwischen liegt das besagte Gästebuch im Museum in Poschiavo. Im Buch «Proust im Engadin» beschreibt der Romanist Luzius Keller seine Nachforschungen über Prousts Gästebuch-Eintrag auf Sassal Masone.

Adresse Rifugio Sassal Masone, 7710 Ospizio Bernina | **Anfahrt** H 29, Celerina – Poschiavo, bis Ospizio Bernina, mit der Bernina-Bahn bis Ospizio Bernina, von dort der Ausschilderung gut eine Stunde entlang des Lago Bianco folgen und dann hinauf nach Sassal Masone | **Öffnungszeiten** Zurzeit geschlossen. Kann nur von aussen besichtigt werden. | **Tipp** Der Lej Nair unterhalb der Staumauer des Lago Bianco auf dem Berninapass ist bekannt für seine gute Eisqualität. Sind die Bedingungen gut, findet man hier während der Wintermonate sogenanntes Schwarzeis, das weitgehend luftblasenfrei gefroren, sehr kompakt und transparent ist. Manchmal kann man sogar die Fische darunter sehen.

18 Die Eisschlucht

Mit Seil und Steigeisen durch die Eiswand

Bereits der Anblick flösst grössten Respekt ein. Wenn man in den Wintermonaten am Dorfeingang in Pontresina bei Punt Ota über die Brücke geht, sieht man das weissblau schimmernde Eis schon von Weitem. Besonders spektakulär sieht es abends aus, wenn die Eiswände farbig beleuchtet werden. Tief geht es hier in die enge Schlucht hinunter zum Flüsschen Flaz. Wer nicht schwindelfrei ist, bleibt lieber oben an der Strasse stehen, wo man festen Boden unter den Füssen hat.

Die anderen rüsten sich mit Klettergurt, Karabiner, Helm, Steileissteigeisen, steigeisenfesten Bergschuhen und Seil aus und wagen den Abstieg in die Schlucht. Bei Kletterfans gelten die Eiswände als besondere Attraktion, sind sie doch die wohl spektakulärsten in der ganzen Schweiz. Aus allen Himmelsrichtungen reisen Kletterer an, um an den teils natürlichen, teils mit Wasser präparierten Eiswänden wie Frösche herumzukraxeln.

Vor mehr als 10 Jahren haben Mitarbeiter der Bergsteigerschule Pontresina angefangen, hier jeweils im Winter die Eiswände zu präparieren und Sicherungshaken und Standplätze zu installieren. Rund 25 Routen in unterschiedlichen Längen (bis 40 Meter) und Schwierigkeitsgraden – von WI 2 bis WI 6 (WI steht für Water Ice) – sind entstanden, einige davon auch für das Mixed-Klettern in Eis und Fels (M 5 – 10). Das Kletterparadies ist für alle kostenlos zugänglich. Die Besteigung sei am idealsten bei rund null Grad und wenn die Temperaturschwankungen zwischen Tag und Nacht nicht zu gross seien, erklärt der technische Leiter Marcel Schenk. «Tiefe Minustemperaturen sind dagegen gefährlich, weil das Eis spröde wird und wie Fensterglas zersplittern kann.»

Eine Risikosportart ist das Eisklettern so oder so. Schliesslich kann sich jederzeit ein Eiszapfen lösen. Deshalb gilt es in der Wand auch einige Regeln zu beachten. Die wichtigste: Nie unter einem Eiszapfen anhalten.

Adresse Schlucht, 7504 Pontresina | Anfahrt H 29, Celerina – Poschiavo, in Pontresina rechts auf die Via da la Staziun, nach der Linkskurve Richtung Dorf parken, von da zu Fuss; der Einstieg ist direkt bei der Informationstafel | Öffnungszeiten je nach Temperaturen in der Regel zwischen Dez. und März; die Bergsteiger-Schule Pontresina bietet Schnupperkurse an, Infos unter www.bergsteiger-pontresina.ch | Tipp Die Engadiner Zuckerbäcker sind nicht nur für ihre Torten und Patisserie bekannt. Bei der Familie Gianotti in Pontresina sind es auch Schokoladenleckereien. Etwa edle Kakaosorten aus ausgesuchten Einzellagen aus Venezuela und verrückte Kreationen wie High Heels aus Schokolade. www.gianottis.ch

19 Der Klimaberg

Lavaströme aus Geröll und Eis sind Welterbe

Der Blick vom Muottas Muragl aus geht meist in die Weite – Richtung Tal über die einzigartige Seenlandschaft oder Richtung Süden zu den Drei- und Viertausendern. Dabei präsentiert sich schon in nächster Nähe Spektakuläres. Vielleicht liegt es auch daran, dass man von diesem Naturphänomen bisher noch kaum etwas gehört hat. Die Rede ist vom Blockgletscher, der sich vom Piz Muragl ins Val Muragl bewegt.

Nun muss man wissen, dass ein Blockgletscher nur wenig mit einem normalen Gletscher gemeinsam hat. Er ist auch nicht aus Eis – zumindest ist dieses nicht an der Oberfläche sichtbar. Diese auffällige geomorphologische Form nennt sich auch «kriechender Permafrost». Das ist für einen Laien schon eher verständlich, wenn er davorsteht und ihn betrachtet. Die gefrorene Schuttmasse kriecht unter dem Einfluss der Schwerkraft nämlich langsam hangabwärts, normalerweise rund sechs Zentimeter, bei diesem Blockgletscher aber bis zu 50 Zentimeter pro Jahr. Sie erinnert in ihrer Form auffällig an einen Lavastrom in einem Vulkangebiet. Obwohl sie eher wie eine Geröllwüste aussieht, enthält sie verschiedene Formen von Eis: Poreneis, Eislinsen, massives Eis und verschüttetes Eis.

Der Blockgletscher am Piz Muragl ist nicht der einzige im Oberengadin. Laut dem Glaziologen Felix Keller gibt es über 300 solcher kriechender Orte. Besonders erforscht ist der Murtèl beim Piz Corvatsch, wo man 1987 das weltweit erste Bohrloch gemacht hat. 2022 sind die Engadiner Blockgletscher zu globaler wissenschaftlicher Ehre gekommen: Sie wurden von der renommierten International Union of Geological Sciences (IUGS) zu einer der 100 geologischen Welterbestätten gewählt.

Wer noch mehr über klimatische Phänomene und Auswirkungen erfahren will, wandert vom Muottas Muragl Richtung Alp Languard mithilfe der Glaziologischen Karte Oberengadin, die weiterführende Informationen zu Gletscher, Permafrost und Schnee liefert. Danach wird er oder sie die Natur definitiv mit anderen Augen betrachten.

Adresse Muottas Muragl, 7504 Pontresina, www.muottasmuragl.ch | Anfahrt H 29, Celerina – Poschiavo, Ausfahrt bei Punt Muragl nehmen und parken, mit der Standseilbahn oder zu Fuss bis Muottas Muragl, von hier aus zu Fuss entweder Richtung Lej Muragl, Segantinihütte (Schafberg) oder auf den Klimaweg | Tipp Auf Muottas Muragl steht das erste Plusenergie-Hotel des Alpenraums. Die Energieversorgung des im Jahr 2010 umgebauten Romantik Hotels basiert auf 16 Erdsonden, einer Photovoltaikanlage, Röhrenkollektoren an den Scheiben sowie einer Wärmerückgewinnungsanlage.

20 Das patriotische WC-Häuschen

Eine Aussicht, die schon Maler Giovanni Segantini begeisterte

Wenn man in den Bergen unterwegs ist, sucht man nicht immer nur tolle Aussichten. Manchmal hat der Mensch auch ein sehr natürliches Bedürfnis – sich zu erleichtern. Draussen in der Natur geht das zur Not auch mal. Aber nicht unbedingt, wenn um die nächste Wegbiegung bereits die nächsten Wanderer im Anmarsch sind. Im Engadin allerdings ist die Infrastruktur in dieser Hinsicht schon fast paradiesisch. Nicht nur, dass man an jedem noch so kleinen Bahnhof saubere Toiletten – sogar mit Papier – findet. Auch auf vielen Wanderwegen stehen WC-Häuschen. Diese blauen ToiToi-Toiletten sind zwar nicht unbedingt ein erhebender Anblick, aber immerhin nützlich.

Niemand wird extra wegen der Toilette auf den Oberen Schafberg ob Pontresina wandern. Aber jeder, der oben ankommt, wird zuerst einmal seinen Blick verwundert auf das rote Häuschen mit den Schweizerkreuzen richten. Gleich neben der Segantinihütte steht es und ist das WC-Häuschen mit der wohl tollsten Aussicht der Schweiz. Vormals war es einfach eine graue Kiste, im Jahr 2007 malte es der ehemalige Hüttenwart Angelo Baggenstoss im Schweizerflaggen-Look an. Seither fingen viele Berggänger die originelle Toilette mit ihren Kameras ein und schickten ihre Bilder um die ganze Welt. Nur gut, dass man auf dem Thron des Plumpsklos die Fensterchen im Rücken hat. Ansonsten müsste man wohl Schlange stehen, bis man an die Reihe kommt.

Ob Giovanni Segantini seine Freude daran gehabt hätte? Das werden wir nie erfahren. Zu seiner Zeit stand hier eine einfache Schafhütte – wohl ohne Toilette. Der Maler liebte das Licht hier oben und zog sich im Jahr 1899 an diesen Ort zurück, um sein Alpentriptychon für die bevorstehende Weltausstellung in Paris vollenden zu können. Er starb jedoch vor der Fertigstellung im gleichen Jahr mit nur 41 Jahren überraschend an einer Bauchfellentzündung.

Adresse Segantinihütte, 7504 Pontresina, www.segantinihuette.ch | **Anfahrt** H 29, Celerina – Poschiavo, bei Punt Muragl auf den Parkplatz, von hier entweder mit der Zahnradbahn auf Muottas Muragl und in eineinhalb Stunden auf dem markierten Wanderweg auf den Oberen Schafberg zur Segantinihütte oder zu Fuss von Pontresina in zweieinhalb Stunden via unterer Schafberg zur Segantinihütte | **Öffnungszeiten** im Sommer bei guter Witterung täglich 9 – 17 Uhr | **Tipp** Im Museum Alpin in der Chesa Delnon in Pontresina werden Fauna, Flora und Geologie der Bündner Berge ebenso vorgestellt wie die alpine Kultur und der Sommer- und Winteralpinismus. www.pontresina.ch

21 Das Salettl von Richard Strauss

Im Hotel Saratz komponierte er seine letzten Stücke

Er muss ein unmöglicher Gast gewesen sein, dieser Richard Strauss. Würde Hotelier Gian Saratz heute noch leben, hätte er so manches zu erzählen. Mal sagte der Komponist, er reise demnächst an, dann annullierte er kurzfristig wieder. Und schon einen Tag später meinte er zu Saratz, er müsse ihm unbedingt drei Zimmer frei halten, immer die gleichen: die Nummern 4, 6 und 8. Im Sous-Parterre, gleich unter dem Speisesaal, waren sie gelegen. Ein Zimmer war für ihn selbst, eines für seine Frau und das dritte zum Komponieren. Hierhin zog er sich abends nach ein paar geselligen Runden Skat zurück und komponierte dem Teufel ein Ohr ab. So intensiv soll er dabei mit dem Taktstock auf den Boden geklopft haben, dass jedes Mal der Teppich unter dem Klavier durchgescheuert war und nach einer Saison ersetzt werden musste, wie die Hoteldirektoren Yvonne Urban und Martin Scherer erzählen.

Aber manchmal überkam ihn auch schon im Speisesaal eine Idee, und er kritzelte spontan die Menükarte voll. Wie zum Beispiel am 21. Juli 1947, als er die ersten Noten zu einem Duett-Concertino für Klarinette und Fagott aufschrieb, während die anderen Gäste «Quisoc de Dinde farçie, Gnocchis de Maïs, Pommes rissolées und Petits pois à la française» genossen. Aber auch die berühmten «Vier letzten Lieder» sind teilweise im Hotel Saratz entstanden – auf Druck seines Sohnes, der wohl spürte, dass sein Vater ohne das Komponieren depressiv würde.

Während der deutsche Komponist in jüngeren Jahren tagsüber gern wanderte, zog er sich später lieber in den Holzpavillon zum Lesen zurück. Dieses Salettl stand einst dort, wo die Sonne am längsten schien und der Ausblick ins Rosegtal besonders eindrücklich war. Heute erhebt sich dort ein Neubau des Hotels mit Ferienwohnungen. Richard Strauss' Lieblingsort findet man nun direkt unter dem Hotel im Park, wo der Strauss-Pavillon noch im Originalzustand besucht werden kann.

Adresse Hotel Saratz, Via da la Staziun 2, 7504 Pontresina, www.saratz.ch | **Anfahrt** H 29, Celerina–Poschiavo, in Pontresina rechts ab auf Via da la Staziun | **Öffnungszeiten** Mitte Juni–Anfang April | **Tipp** Bei Morteratsch kann man Schritt für Schritt auf den Spuren des drittlängsten Gletschers der Ostalpen wandern. 16 Informationsstelen geben Auskunft über das Zurückweichen des Morteratschgletschers, den man in knapp 50 Gehminuten ab Bahnhof Morteratsch erreicht.

22 Der Schutzdamm

Ein Millionenprojekt gegen Lawinen

Man könnte es als Mahnmal der Natur bezeichnen, was hier oberhalb des Dorfes Pontresina steht: das grösste Bauwerk der Schweiz, das ein Dorf vor Lawinen, Murgängen oder vor allfälligen Folgen des auftauenden Permafrostes schützen soll. Imposant sieht es aus, wenn man direkt davorsteht: zwei je 230 Meter lange, 13,5 Meter hohe und 67 Meter breite Dämme. Wie ein Labyrinth wirkt es aufs Auge, wenn im Spätwinter noch Schnee liegt, die Dammmauern aber bereits aper, also schneefrei sind.

Die Schutzdamm-Überbauung oberhalb des Val Giandains hat der Gemeinde mittlerweile den Ruf als Pionierin eingebracht. Nachdem Forscher festgestellt hatten, dass Permafrost – ein Untergrund, der das ganze Jahr über gefroren bleibt – in diesem Lawinenhang vorhanden ist, entschied man sich in Pontresina, in den konsequenten Schutz des Dorfes zu investieren. Die Kosten für die 2003 gebauten Dämme beliefen sich auf 7,5 Millionen Franken. Die Gesamtfläche des Bauwerks beträgt 6,3 Hektar. Dafür mussten über drei Hektar Altholz und Jungwald gerodet werden.

Es sind nicht die ersten Schutzbauten. Schon 1882 wurden mit dem aufkommenden Tourismus oberhalb von Pontresina einige errichtet: Trockensteinmauern, die noch heute zu sehen sind. Im Laufe der Jahre kamen weitere Verbauungen mit Beton- respektive Stahlbrücken und Aufforstungen dazu.

Übrigens stellten Forscher des Instituts für Schnee- und Lawinenforschung fest, dass im mindestens 17,5 Meter tiefen Permafrosthang auch Leben vorhanden ist. Mit Hilfe von genetischen Untersuchungen entdeckte man eine hohe Vielfalt an Mikroorganismen wie Bakterien sowie Hefe- und Flechtenpilze, die es auch in der Arktis oder in Sibirien gibt. Mit etwas Glück kann man nur ein paar Gehminuten vom Schutzdamm entfernt einige sehr viel grössere Tiere entdecken. Vor allem in der Zwischensaison kommen Gämsen und Steinböcke zum Äsen bis auf wenige Meter an die Wanderwege heran.

Adresse Val Giandains, 7504 Pontresina | **Anfahrt** H 29, Celerina – Poschiavo, bis Bahnhof Pontresina, zu Fuss weiter auf Via da la Staziun und Via Maistra, rechts bis zur Via Giarsun und weiter in Richtung Il Truoch | **Tipp** Ein besonderes Erlebnis ist eine Fahrt mit der Kabinenbahn auf die Bergstation Diavolezza und eine Gletscherabfahrt bis zur RhB-Station Morteratsch. Die längste Gletscherabfahrt der Schweiz (zehn Kilometer) führt über den Pers- und Morteratschgletscher durch eine Wildnis aus Schnee und Eis.

23 Die Taiswald-Konzerte

Musikalische Tradition wie vor 100 Jahren

Es braucht nicht viel, um sich im Handumdrehen in die Welt vor 100 Jahren zurückzuversetzen: Während der Sommermonate laufe man gegen elf Uhr in den Taiswald zwischen dem Bahnhof und dem oberen Dorf von Pontresina, setze sich dort auf eine Bank und lausche den Klängen der Camerata Pontresina.

Damals fanden sich hier elegante Damen in Sommerkleidern und Herren in Frack aus den Grandhotels der Region auf den Bänken ein und lauschten hingebungsvoll den klassischen Konzerten. So viel hat sich seither nicht verändert. Nur trifft man heute eher auf casual gekleidete Wanderer mit Dächlikappen und Bergschuhen oder Familien mit Kleinkindern. Vor allem aber: Die Musiker sind immer noch da! Wie zu der Zeit, als die «Kurkonzerte» in Pontresina auf Initiative des Tourismus-Vereins eingeführt wurden, erklingen beschwingte Melodien, wie etwa Johann Strauss' «Schatzwalzer», Franz Lehárs Operettenausschnitt aus der «Zigeunerliebe» oder Edward Elgars «Salut d'amour». Immer noch konzertieren die professionellen Musiker auf der historischen Waldbühne, die an eine überdimensionierte Musikspieldose erinnert. Und immer noch beglücken sie zwischen Mitte Juni und Mitte September das Publikum jeden Tag um Punkt elf Uhr mit einem vielseitigen Konzertprogramm – ganz kostenlos.

Dabei wird auf höchstem Niveau musiziert. Die vom Trio bis zum Oktett wechselnd zusammengestellten Musikformationen kommen aus der Schweiz, Deutschland, Italien, Frankreich und Polen. Die gute Seele hinter dem traditionsreichen Festival ist seit über 30 Jahren der Zürcher Flötist und Arzt Jürg H. Frei. Er stellt die Ensembles und die Programme mit beschwingten Melodien zusammen. Dabei kann er mittlerweile aus einem Archiv von über 25.000 Musikstücken auswählen. Das macht er so geschickt, dass bei den vormittäglichen Klängen der Camerata Pontresina selbst die Meisen, Tannenhäher und Finken beflügelt mitmusizieren und Eichhörnchen im Takt herumhuschen.

Adresse Taiswald, 7504 Pontresina, www.camerata-pontresina.ch | Anfahrt H 29, Celerina – Poschiavo, Abfahrt Via da la Staziun, vor der Brücke Richtung Dorf parken und zu Fuss in rund zehn Minuten Richtung Taiswald | Öffnungszeiten Mitte Juni – Mitte Sept. täglich 11 – 12 Uhr, bei schlechtem Wetter in der reformierten Kirche oder im Kulturzentrum Rondo im Dorf | Tipp An der Talstation Diavolezza befindet sich die «VR Glacier Experience». Die interaktive Ausstellung ermöglicht den Besuchern virtuelle Gletscher-Zeitreisen und vermittelt Wissen zum Klimawandel im Hochgebirge. www.glacierexperience.com

24 Die Tschiervahütte

Die Kiste am Hang

«Berge. Hohe Berge. Eis und Fels und Gletscher. Darüber, fast nicht mehr von dieser Welt, eine scharfe Gratschneide, Leiter in den Himmel.» So beschreibt ein Bergsteiger den Biancograt, der sich an diesem Ort wie auf dem Serviertablett präsentiert. Wie Ameisen sehen die Kletterer auf dem Grat aus, die emsig ihren Weg gehen. Kein Wunder richten sich die Blicke der Besucher in der Tschiervahütte stets nach oben.

Dabei darf nicht vergessen werden, dass allein schon die Tschiervahütte ein besonderer Anblick ist. Das Auge mag vielleicht erst etwas irritiert auf die Kiste reagieren, die da quer am Hang steht. Und trotzdem wirkt der prägnante Holzbau neben dem Steinhaus unaufgeregt und eigenständig. Weil die Chamanna da Tschierva des Schweizerischen Alpenclubs ein gut frequentierter Ort ist, brauchte die auf 2.583 Metern stehende Hütte 2002 eine Erweiterung. Schliesslich zieht es nicht nur Alpinisten hierhin, für die die Hütte Ausgangspunkt ihrer Touren ist – auch für solche, die es weniger abenteuerlich wollen, ist der Ort ein beliebter Anziehungspunkt. Im Kubus von Architekt Hans-Jörg Ruch findet man nun einen grosszügigen Aufenthaltsraum. Der Bau aus Lärchenholz ist schlicht gehalten, sodass nichts vom phantastischen Gletscher-Panorama ablenkt. Er wirkt nicht nur optisch, er bietet auch konstruktiv eine Sonderleistung: Dank einer Aussenschale aus vertikalen Stahlträgern mit eingeschobenen Lärchenholzbohlen ist er lawinensicher.

Eine erste Hütte wurde hier schon 1899 erbaut, allerdings auf der Moräne des Tschiervagletschers. Weil sich der Gletscher zusehends zurückzog, musste 1951 eine neue Hütte – am heutigen Standort – erstellt werden. Über den Kamm dieser Seitenmoräne steigt man heute zur Chamanna da Tschierva hoch. Nur sollte man hier den Blick nicht schon zu sehr auf den Biancograt richten, denn an manchen Stellen ist der Moränenkamm gerade mal 30 Zentimeter breit.

Adresse Tschiervahütte, 7504 Pontresina, www.tschierva.ch | **Anfahrt** H 29, Celerina – Poschiavo, bis Pontresina Bahnhof, zu Fuss oder mit der Pferdekutsche ins Rosegtal, dann dem Wegweiser Richtung Tschiervahütte folgen, ab Pontresina vier Stunden Marschzeit | **Öffnungszeiten** Mitte Juni – Anfang Okt. | **Tipp** Sie ist wohl der berühmteste Foto-Punkt des Engadins: die Montebello-Kurve bei Morteratsch auf der Bernina-Strecke. Hier fährt der Zug eine 180-Grad-Kurve und offenbart einen traumhaften Blick auf das Berninamassiv und den Morteratschgletscher.

25 Das Ungeheuer vom Bernina

Eine Rarität unter den Dampfschneeschleudern

Eigentlich sieht sie ganz ungefährlich aus, die Lokomotive mit der Bezeichnung «X rot d 9213» im Hauptdepot am Bahnhof Pontresina. Hier wartet sie mit ihren Mitgenossinnen darauf, dann und wann etwas frische Luft zu schnuppern. Nur ihre riesige Schnauze mit den zehn gelben Flügeln, die aus einem roten Schlund zu kommen scheint und wie ein Ventilator aussieht, wirkt etwas furchterregend. Deshalb hat die weltweit einzige Dampfschneeschleuder mit eigenem Antrieb auch den Übernamen «das Ungeheuer vom Bernina».

Als müsste sie ihren ganzen Frust herauslassen, dass sie nur noch zweimal im Jahr für Publikumsfahrten aus dem Depot darf, dampft und schnaubt und spuckt sie dann wie wild auf ihrer Fahrt durch den Schnee. Trotz ihres stattlichen Alters schleudert sie alles weg, was ihr im Weg liegt. «Manchmal sind das halbe Bäume, die durch eine Lawine auf das Schienentrassee gefallen sind», erzählt Markus Zaugg. Der Lokomotivführer hält das Kleinod in Schuss. Man müsse die Lager regelmässig überprüfen und ölen. «Und vor allem vor dem Gebrauch ganz langsam aufheizen.» Allein schon, um sie in Gang zu bringen, braucht es 500 Kilogramm Kohle und 10.000 Liter Wasser.

1910 lieferte die Schweizerische Lokomotiv- und Maschinenfabrik Winterthur (SLM) die beiden Dampfschneeschleudern X rot d 9213 und 9214 an die Bernina-Bahn. Letztere steht heute in der Museumsbahn Blonay-Chamby. Die Bezeichnung «X rot d» setzt sich übrigens zusammen aus: X = Dienstfahrzeug, rot = rotierend und d = dampfgetrieben. Noch ein paar andere Bezeichnungen lassen die Herzen der Eisenbahnfans höherschlagen. Die Abkürzung «C'C'» zum Beispiel. Das ist die Achsformel und bedeutet, dass die Lok über zwei dreiachsige Triebdrehgestelle verfügt. Kein Wunder, dass die Lok-Liebhaber um den halben Erdball reisen, um sie in natura zu sehen und bei den Fahrten von Pontresina auf die Alp Grüm dabei zu sein.

Adresse Bahndepot, 7504 Pontresina | **Anfahrt** H 29, Celerina–Poschiavo, bis Via da la Staziun, dann Cuntschet bis zum Bahnhof | **Öffnungszeiten** Termine ab Pontresina unter www.rhb.ch/dampfschneeschleuder | **Tipp** Das Gebäude mit der konkaven Form auf dem Bernina-Pass ist nicht nur ein Stützpunkt für den Winterunterhalt, sondern beherbergt eine ganz besondere Attraktion: In Zusammenarbeit mit dem Fotografen Guido Baselgia wurde im obersten Geschoss des Salz- und Kiessilos eine Camera Obscura untergebracht, die man im Sommer besichtigen kann. Öffnungszeiten unter www.camera-obscura.ch.

26 Das Kulturarchiv

Das Gedächtnis des Oberengadins

Es war bei den Vorbereitungsarbeiten für eine Ausstellung Mitte der 1980er Jahre, als die Kunsthistorikerin Dora Lardelli und der Künstler Giuliano Pedretti erkannten, wie viele wertvolle Dokumente auf den Dachböden und in den Kellern des Oberengadins vor sich hin schlummerten und im schlimmsten Fall im Müll landeten. «Das muss man retten!», fanden sie und entwickelten die Idee eines Kulturarchivs. Vorbilder hatten sie genug, sind doch inzwischen viele erfolgreiche Museen auf private Initiative hin entstanden, wie das Victoria and Albert Museum in London oder das Segantini Museum in St. Moritz.

Erst wurden die gesammelten Schätze aus Nachlässen oder Schenkungen im alten Spital in Samedan gelagert, bis das «Sterbezimmer» überquoll. Seit 1991 sind die akribisch archivierten und inventarisierten Briefe, Kassabücher, Herbarien, Pläne, Skizzen, Fotos und Gemälde in der Chesa Planta in Samedan untergebracht. Ganze Familien- und Unternehmensgeschichten findet man da.

Die aktuell zehn Depoträume liegen im Untergeschoss des prächtigen Hauses. Bald werden auch sie voll sein, denn ein ganzer Ordner voller Anträge auf spätere Schenkungen wartet darauf, der Öffentlichkeit zugänglich gemacht zu werden. Ende 2023 wird das Kulturarchiv Oberengadin in die im Jahr 1760 gebaute Chesa Planta in Zuoz umziehen. Diese Schätze sollen nicht in ihren Kistchen ruhen; sie sind für Forschende, Studierende, Architekten oder Hoteliers, aber auch für interessierte EngadinerInnen und Auswärtige einsehbar. Aus den Beständen organisiert das Team mit vielen Freiwilligen regelmässig Ausstellungen, stellt Leihgaben zur Verfügung, oder es werden Bücher publiziert wie etwa über die Bilder der Bergellerin Elvezia Michel oder die Glasnegative von Gustav Sommer. Seit 2019 werden auch Kurzfilme produziert, die Einblicke in die umfangreichen Bestände ermöglichen. Damit die wertvollen Engadiner Geschichten weiterleben und nicht verloren gehen.

Adresse Chesa Planta, Plazzet, 7503 Samedan (ab Herbst 2023 in der Chesa Planta, Dorfplatz, 7524 Zuoz), www.kulturarchiv.ch | **Anfahrt** H 27, Silvaplana–Martina, bis zum Bahnhof Samedan, von dort zu Fuss auf Via Retica, nach 200 Metern links auf Mulins, nach 50 Metern links | **Öffnungszeiten** Do 14–19 Uhr und auf Anfrage; Führungen jeweils donnerstags um 16 und 17 Uhr sowie nach Vereinbarung | **Tipp** Im historischen Dorfkern von Samedan steht das «Mineralbad & Spa Samedan». Der Gast durchwandert die verschiedenen Bade- und Dampfräume über insgesamt fünf Stockwerke. Zuoberst befindet sich das Aussenbad direkt unter dem Kirchturm. www.mineralbad-samedan.ch

27 Der Kulturm

Vom Wohnturm zum Gericht zum Gefängnis zum Museum

Wo heute Kultur drin ist, ist auch Kultur dran: im Turm «La Tuor» in Samedan. Seit rund 750 Jahren prägt der Bau zwischen den Gassen Surtour und Chiss die «Skyline» des Dorfes. Ursprünglich als Wohnturm der Herren von Samedan vor 1288 errichtet, ist er von imposanter Höhe. Dies weniger mit dem Ziel, verdichtet zu bauen, als vielmehr, um gegen feindliche Angriffe gewappnet zu sein.

Seit der Turm 2010 nach einem Innenumbau als Zentrum für Kultur und Kunsthandwerk aus dem Alpenraum mit wechselnden Ausstellungen über Design, Handwerk und Architektur öffentlich zugänglich gemacht wurde, kann man durch die wechselvolle Geschichte von «La Tuor» wandeln. Denn nach seiner ursprünglichen Wohnnutzung wurde der Turm mehrere Male um- und nach einem Brand auch wiederaufgebaut, erweitert und ganz unterschiedlich genutzt: als Lagerraum, Gerichtsort, Kreisarchiv, Gefängnis und sogar als Jugendzentrum.

Beim Gang durch die fünf Stockwerke stösst man immer wieder auf metallene Hinweisschilder, die so manches Geheimnis verraten. Etwa den früheren, hoch gelegenen Hauseingang, der einst mit einer vorgelagerten, gedeckten Laube auf der Südseite auf der Höhe des dritten Geschosses lag. Oder die alte Inschrift an der Mauer des ersten Obergeschosses, die auf das 16. Jahrhundert zurückgeht, als die Gemeinde hier einen Gerichtsraum einrichtete. Spuren eines Gewölbebogens einer früheren Kammer sind ebenfalls noch sichtbar, wie auch Kritzeleien ehemaliger Gefängnisinsassen aus der ersten Hälfte des 20. Jahrhunderts.

Das Prunkstück des Wohnturms allerdings ist ein verkohlter Balkenstumpf. Das Balkenfragment hat man noch in der Originallage im Mauerverbund gefunden. Dank dendrologischer Analysen konnte es auf die Zeit zwischen 1218 und 1263 zurückdatiert werden. Nur leider wird er aus Platzgründen nicht immer ausgestellt.

Adresse La Tuor, Surtuor 12, 7503 Samedan, www.latuor.ch | **Anfahrt** H 27, Silvaplana–Martina, bis Samedan, im Kreisverkehr zweite Ausfahrt auf Chaunt da San Bastiaun nehmen, nach 450 Metern rechts abbiegen auf San Bastiaun, nach 110 Metern links abbiegen, auf San Bastiaun bleiben, nach 100 Metern links abbiegen auf Surtuor | **Öffnungszeiten** Juni–Okt. und Dez.–April Mi–So 15–18 Uhr | **Tipp** Bis 1870 mäanderte der unbändige Flaz durch die offene Ebene von Samedan. Deshalb realisierte man zwischen 2002 und 2006 die alpenweit erste Gebirgsflussverlegung des Flaz sowie die Renaturierung des Inn. Heute ist das Gebiet beim Flugplatz sehr beliebt bei Wanderern und Radfahrern.

28 Die Segelflugwinde

Über den Engadiner Wolken

Um den Piz Bernina, Roseg oder Palü einmal von oben zu betrachten, braucht man nicht unbedingt Bergschuhe und Steigeisen, dafür guten Wind, etwas Mut – und eine Seilwinde. Die steht am Flughafen Samedan, wo gerne auch mal Privatjets der High Society landen. Im Sommer reisen viele Segelflieger an, die die grenzenlose Freiheit über den Wolken geniessen wollen.

Die flache Champagna-Ebene bei Samedan und der im Winter zugefrorene St. Moritzersee reizten schon früh zu Flugversuchen im Engadin. So soll ein deutscher Baron anno 1908 mit seinem Flugvehikel eine Rekordhöhe von drei Metern geschafft haben. Als Paul Engelhard ein Jahr später mit einem Doppeldecker über eine halbe Stunde in einer Höhe von 25 Metern in der Luft blieb, ging das durch die Weltpresse. Schon bald merkte man, dass hier die thermischen Verhältnisse besonders gut sind – dank des Maloja-Windes.

1936 gründeten 15 Segelflug-Begeisterte die Segelflieger-Gruppe Oberengadin, ein Jahr später wurde der Flugplatz Samedan offiziell durch das Eidgenössische Luftamt freigegeben. In den Anfängen zogen zehn Männer an einem Seil, damit die Flieger an Höhe gewannen. Dann wagten sich einige Mutige auf den Muottas Muragl, wo ihre Segelflugzeuge mit Gummiseilen in die Luft katapultiert wurden.

Mit der neuen Segelflugwinde, die nun auch schon mehr als 20 Jahre auf dem Buckel hat, ist der Start etwas weniger spektakulär, dafür effizienter. Die Winde, die auf dem Chassis eines ehemaligen niederländischen Militärlastwagens aufgebaut ist, hat vier Seilrollen mit je 1.500 Meter langen Seilen. Den Antrieb besorgt ein DAF-Dieselmotor mit Turbolader und 300 PS. So können die Segelflugzeuge bei normalen Bedingungen auf 400 Meter hinaufgezogen werden. Da der Flugplatz schon auf rund 1.700 Metern über Meer liegt, braucht es nur ein kleines Lüftchen, etwas Thermik – und schon blickt man über den Piz Bernina, Roseg und Palü.

Adresse Segelflugzentrum, Plazza Aviatica 2, 7503 Samedan, www.engadin-airport.ch | **Anfahrt** H 27, Silvaplana–Martina, Ausfahrt Cho d'Punt Richtung Flugplatz | **Öffnungszeiten** je nach Wetter täglich ab 13 Uhr, Passagierflüge ab 70 Franken | **Tipp** Das Kunst-Café an der Via Plazzet 14 ist auch ein Bücherladen, ein Salon für entspannten Genuss und spontane Begegnungen, eine kleine Markthalle – und natürlich ein Raum für Kunst. Di–So 9–19 Uhr. www.bastiann.ch/www.kunstcaffe.com

29 Die Samnaunerstrasse

Durch enge dunkle Tunnels in die Höhe

Manchmal fragt man sich schon, wie jemand bloss auf die Idee kommen konnte, in solchen Steilhängen eine Strasse anzulegen. Die Verbindung Vinadi–Spissermühle ist so ein Ort. Natürlich sollte das abgeschiedene Samnaun endlich ans Schweizer Strassennetz angebunden werden. Das war anno 1912. Davor war der Ort nur über österreichischen Boden erreichbar. Auch wenn Samnaun zu dieser Zeit nicht einmal 400 Einwohner zählte, wollte man «diesen ungesunden Zuständen ein Ende machen», wie Oberingenieur Johann Solca damals in der «Schweizerischen Bauzeitung» schrieb. Gemeint war die Isolation der Samnauner Bevölkerung.

Die Kosten liefen allerdings ziemlich aus dem Ruder, vor allem weil die Arbeiter auf ungünstige Gesteinsverhältnisse stiessen. Sie stiegen von den geplanten 900.000 Franken auf 1,8 Millionen. Mühsam wurden den Hängen Strassen abgerungen. Dort, wo purer Fels war, haute man Tunnels in den Berg. Und so windet sich die Strasse atemberaubend durchs Val da Tschera nach Samnaun hoch – links an den Felswänden vorbei, rechts geht's tief hinunter zur Grenze am Schalkl- oder Schergenbach.

Inzwischen macht genau diese Strassenführung den Reiz des Tals aus. Bis vor wenigen Jahren noch zirkelten die Postautochauffeure ihr Gefährt durch die engen, unbeleuchteten Tunnels. Da entfuhr so manchem Mitfahrenden ein «Ahh» und «Ohh» oder ein «Mein Gott». Mittlerweile verkehren die Postautos über die gegenüberliegende Spisser Landesstrasse. Privatautos aber können noch immer durch die einspurigen, nur gerade 2,3 Meter breiten und 3 Meter hohen Tunnels fahren. Allerdings wird auch dieses Spektakel irgendwann verschwinden. Während der Val Pischöt bereits zweispurig in Betrieb ist, wird derzeit der Val Alpetta ausgebaut (Fertigstellung Sommer 2024). Bis aber die beiden letzten historischen Tunnels, der Val Cotschna und der Val Mundin, erneuert sind, dürfte noch viel Wasser den Schergenbach hinunterfliessen.

Adresse 7563 Samnaun | Anfahrt H27, Scuol–Martina, bei Vinadi Richtung Samnaun abbiegen; mit dem Postauto alle zwei Stunden ab Scuol via Samnaunerstrasse | Tipp In einem für die Region typischen alten Bauernhaus ist das Talmuseum Samnaun «Chasa Retica» untergebracht. Es gibt Einblick ins typische Leben der Samnauner Bauern zwischen dem 16. und 19. Jahrhundert. Termine für Führungen ganzjährig auf Anfrage. Weitere Informationen unter www.samnaun.ch

30 Die Wiesen-Miss

Alois Walsers Nörder-Wiese ist die schönste

Schönheit ist eine Frage der Betrachtungsweise. Nehmen wir das Beispiel der Wiese von Alois Walser, die im Gebiet Nörder in Samnaun liegt. Nie wäre der Landwirt auf die Idee gekommen, dass ausgerechnet seine Wiese schön genug wäre, um an den Wiesenmeisterschaften teilzunehmen. Dieser Wettbewerb der Fundaziun Pro Terra Engiadina wird alle fünf Jahre im Unterengadin, Samnaun und Val Müstair durchgeführt und zeichnet extensive und wenig intensive Wiesen mit besonders grosser Vielfalt aus. Doch Alois Walsers Nachbar war anderer Meinung und meldete dessen Wiese beim Wettbewerb an.

Die rund 70 Aren liegen in einem Schattenhang – deshalb der Name Nörder. Sie sind nur via österreichische Grenze zu erreichen. Dazu ist der Hang auch noch uneben, sehr steil und mit Hecken durchsetzt. «Ziemlich unpraktisch und aufwendig ist sie.» Dafür wachsen darauf Pflanzen wie Glatt-Brillenschötchen, Fingerhut, Narzissen-Windröschen, Mehlprimeln und verschiedene Enzianarten. «Im Frühsommer zeigt sich das Feld einige Tage wie ein blauer Teppich», erzählt Walser stolz. Eine Pracht sei das, schwärmt er.

Das Gebiet um Samnaun ist bekannt für seine Pflanzenvielfalt. Keine aber ist so schön wie Walsers Nörder-Wiese. Über 40 Pflanzen, Kräuter und Stauden wachsen darauf. Dazu kommt eine grosse Strukturvielfalt – Bäume, Sträucher und Steine. Sie waren für die Jury ebenso ausschlaggebend und ergaben Punkte. Und so ist nun die Nörder-Wiese sozusagen die Miss unter den Wiesen.

Walsers Geheimrezept? «Gar nichts tun!», sagt er und lacht. Vor allem dürfen keine Kühe darauf weiden. Und gedüngt wird sie auch nicht. Im Frühling befreit er sie lediglich von Ästen, die Lawinen und Schneerutsche mitgeführt haben. Und einmal im Jahr, Ende August oder Anfang September, wird gemäht. So bleibe die Vielfalt am besten erhalten, und das Futter werde «extrem gut». Am Heu der Nörder-Wiese erfreut sich das Vieh ganz besonders.

Adresse Nörder, 7563 Samnaun | **Anfahrt** H 27, Scuol–Martina, bis Vinadi, dann weiter bis Spissermühle, dort parken und zu Fuss dem Zandersbach entlang auf dem Wanderweg Richtung Prasiras und weiter bis Nörder | **Öffnungszeiten** in der schneefreien Zeit begehbar | **Tipp** Samnaun Tourismus bietet im Juli und August jeweils mittwochs Pflanzenführungen durch die Region. Treffpunkt: Samnaun Dorf, Gästeinformation, 14 Uhr, Dauer drei Stunden. www.samnaun.ch

31 Die Alp Trupchun

Der wildreichste Ort im Nationalpark

Der Weg vom Parkplatz Prasüras bei S-chanf in Richtung Varusch ist sozusagen die Anwärmphase für das, was folgen wird. Nimmt man den Weg rechts hinauf über den God Aruozzas, durchwandert man Lärchenwälder, wo man am Wegrand verschiedene Orchideenarten sehen kann. Kommt man dann bei Punt da Val da Scrigns auf den Fahrweg, trifft man dort im Herbst auf das Infomobil des Schweizerischen Nationalparks. Die Mitarbeiter sind stets auf dem neuesten Stand, wo sich welche Tiere beobachten lassen. Aber meist sieht man die ersten, kaum hat man nach der Varuschhütte die Füsse in den Nationalpark gesetzt. Als wüssten die Murmeltiere, dass ihnen innerhalb dieses Raums ohnehin nichts passieren kann, strecken sie frech ihre Köpfe aus den Löchern und beglücken die Wanderer mit ihren Pfiffen.

Leicht aufwärts geht der Weg via Alp Purcher am Hang von Dschembrina entlang. Im Herbst hört man hier die Hirsche röhren, die am gegenüberliegenden Hang lautstark um die Gunst der Hirschkühe buhlen. Kein Wunder, kann es auf dem Weg auch mal einen Stau geben, weil die Wanderer ihre Ferngläser zücken, um das Schauspiel zu beobachten.

Das Ziel erreicht man nach zweieinviertel Stunden: die Alp Trupchun – der Logenplatz in diesem Wildtiertheater. Hier bekommt man Hirsche, Gämsen und Steinböcke auch wirklich zu Gesicht. Je nach Jahreszeit muss man die Augen etwas mehr schärfen, weil man die Steinböcke und Gämsen in den Felswänden oder die Hirsche am braunen Hang kaum erkennt. Manchmal kann es auch sein, dass man seinen Blick zu weit in die Ferne richtet und dabei verpasst, dass die Tiere nur ein paar Meter entfernt friedlich äsen. Häufig ziehen auch Bartgeier oder Steinadler ihre Kreise über den Köpfen der Naturbegeisterten. Mit etwas Glück ist ein Parkwächter mit einem professionellen Fernglas am Platz, der den Wanderern gern beweist, dass hier wirklich der wildreichste Ort im Nationalpark ist.

Adresse Val Trupchun, 7525 S-chanf, www.nationalpark.ch | **Anfahrt** H 27, Silvaplana – Martina, Ausfahrt S-chanf Richtung Prasüras (ausgeschildert), vom Parkplatz aus zu Fuss ins Val Trupchun | **Tipp** Am Dorfrand von S-chanf befindet sich die Kletter- und Boulderhalle Serlas mit verschiedenen Schwierigkeitsgraden. www.serlas.ch

32 Das Kunsthotel

Begegnungen mit zeitgenössischer Kunst

Der Schriftzug des Künstlers Fiete Stolte schwebt wie ein Haussegen über der Dachterrasse – und ist gleichzeitig Sinnbild für das kleine Hotel Villa Flor an der Hauptstrasse in S-chanf: «Unreal 8 Days a Week» nennt Stolte sein Werk, das in der Nacht mit Neonlicht leuchtet. Es ist, als würde man in der Villa Flor in eine andere Zeitrechnung treten. Hier wird sie willentlich gedehnt, um dem Alltagstrott ein Schnippchen zu schlagen.

Bloss von einem Hotel zu sprechen wäre in diesem Falle etwas vermessen. Auch wenn es in dem Haus natürlich Gästezimmer gibt. Sieben an der Zahl, die alle ganz individuell ausgestattet sind und das kosmopolitische Flair der Besitzerin widerspiegeln. In dem stattlichen Haus von 1904 haben Ladina Florineth und der Architekt Christian Klainguti den Mix aus Jugendstil-Elementen und neoklassizistischen Formen mit modernen Komponenten ergänzt. Wie etwa mit Bädern, die geschickt in die Zimmer integriert wurden. Alte Arvenholz-Verkleidungen wurden aufgefrischt, die Böden abgeschliffen und die Jugendstil-Ornamente an den Decken vom Mailänder Marco Belfiore detailgetreu restauriert.

Doch da ist vor allem Ladina Florineths Leidenschaft für Kunst, die der Villa Flor ihr besonderes Ambiente gibt. Anfangs stellte sie Werke aus ihrem eigenen Besitz aus. Irgendwann begann sie Ausstellungen im Haus zu organisieren und Künstler zu beherbergen. Und weil sie deren Werke mochte, traf sie mit ihnen die Abmachung, dass jeweils ein Werk im Haus verbleibt. So wandelt man als Gast vorbei an Fotografien von François Halard, Werken von Marc-Antoine Fehr oder Skizzen von Philipp Keel, entdeckt im Gang ein Bild von Beat Zoderer oder frühstückt unter einem Helgen von Julian Schnabel. Als Begegnungsraum für Künstler und Kunstinteressierte versteht Florineth ihr Haus. So kann es gut sein, dass man sich abends im Salon mit Richard Long oder Stefan Balkenhol einen Drink genehmigt.

Adresse Villa Flor, Somvih 19, 7525 S-chanf, www.villaflor.ch | **Anfahrt** H 27, Silvaplana–Martina, bei S-chanf auf die Via Maistra, vorbei an der Kirche auf Somvih | **Öffnungszeiten** Mitte Juni–Ende Okt. und Anfang Dez.–Mitte April | **Tipp** Von der Resgia in Zuoz aus führt eine schöne Rundwanderung zum Wasserfall und zur Senda Celesta, einer bereits 1931 angelegten Himmelsleiter.

33 Der magnetische Stein

Ein Kraftort wie die Kathedrale von Chartres

War es nun die Anstrengung der Wanderung, die einen etwas ausser Atem brachte? Oder vielleicht doch schon die Wirkung von Prospiz? In einer knappen Stunde von Zuoz oder von S-chanf her erreicht man die Acla Laret. Geht man ein paar 100 Meter weiter den Weg entlang bis zur nächsten Abzweigung, sieht man zwei braune Schilder, die in das Wäldchen hineinweisen: «Menhir da Prospiz 200 Meter Süd-Ost» und «Botta Striera-La Sassa S-chanf antic 600 Meter Süd-Ost».

Und da steht er in der Senke von Prospiz: der mächtige Menhir. 2,2 Meter hoch ist er und sieht aus wie eine Märchengestalt. Ob Hexe oder Kobold – darüber lässt sich streiten. Zufällig scheint der Menhir jedenfalls nicht hier zu stehen. Nur 400 Meter entfernt befinden sich Spuren der Siedlung Botta Striera. Sie soll auf die La-Tène-Kultur aus der Zeit 800 vor Christus zurückdatieren. So dürfte der Stein auch eine kultische Funktion gehabt haben.

Von einem besonderen Kraftort ist in der Gemeindebroschüre die Rede. Fachleute der Geomantie hätten auf seiner nördlichen Seite eine aussergewöhnlich hohe magnetische Strahlung entdeckt. Von 73.000 Bovis-Einheiten sprechen sie – so stark wie in der Kathedrale von Chartres. Der Menhir lenke die Strahlung seitlich ab. Auch nördlich des mächtigen Steines soll man eine starke magnetische Wirkung festgestellt haben. Als Beweis dafür wird eine Schneise durch den Baumbestand angeführt.

Ganz aus der Luft gegriffen sind diese Ausführungen nicht, gilt doch diese Gegend als eine der drei magnetischen Störzonen in der Schweiz, die auf der Luftfahrtkarte eingezeichnet sind. Und auch Andrea Fischbacher von der Forschungsstelle Kraft- und Kulturorte Schweiz kann bestätigen: «Der Menhir auf der Lichtung Prospiz markiert einen Kultplatz mit sehr hohen, ausgeglichenen Energien. Es ist ein wunderbarer Platz, um sich mit allem zu verbinden und zu entschleunigen, zu sich zu kommen.»

Adresse Prospiz, 7525 S-chanf | **Anfahrt** H 27, Silvaplana–Martina, entweder bis Zuoz Dorf oder S-chanf, von dort den ausgeschilderten Wanderwegen Richtung Acla Laret folgen, dann rund 300 Meter weiter auf dem Weg bis zu den braunen Wegweisern | **Tipp** In Brail steht im Restaurant Vivanda des bezaubernden Hotels «In Lain» ein absoluter Spitzenkoch (17 Gault-Millau-Punkte, 1 Michelin-Stern) am Herd: Dario Cadonau beeindruckt mit einer mutigen, raffinierten Küche, die den Besuch zu einem Erlebnis macht. www.inlain.ch

34 Die Felsenkavernen

Ein Tal mit schillernder Vergangenheit

Friedlich plätschert der Vallember durch das zehn Kilometer lange, kaum bewohnte Tal mit lichten Lärchenwäldern und satten Wiesen. Vom Weiler Susauna her kommend, steigt man gemächlich auf einem ungeteerten Strässchen hinan. Das liebliche Tal ist wenig besucht, was nicht immer so war. Einst führte der direkteste Weg vom Engadin in die Landschaft Davos durch das Val Susauna über den Scalettapass. Auf diesem Weg transportierten die Davoser ihren Wein aus dem Veltlin, obwohl das Tal lawinengefährdet war. Immer wieder donnerten Schneemassen zu Tal und begruben Mensch und Tier, zuletzt 1951, als mehrere Holzarbeiter verunglückten.

Die grösste Gefahr drohte allerdings von militärischer Seite, etwa während des Schwabenkrieges 1499 oder der Bündner Wirren von 1603–1637, als der österreichische Heerführer Oberst Baldiron das Tal unsicher machte. 300 Jahre später baute die Schweizer Armee 1938 in S-chanf eine Truppenunterkunft und führte im hinteren Val Susauna Schiessübungen durch. Bis in die 1980er Jahre lag auch der Weiler Susauna in dieser Gefahrenzone. Während der mehrmonatigen Schiessperioden durfte sich niemand darin aufhalten, und die rund 30 Einwohner wurden jeweils nach Chapella evakuiert.

Wandert man nach Punt dal Tschainger in Richtung Alp Funtauna, kann man an den Berghängen heute noch Felskavernen entdecken. Diese wurden ab 1940 erbaut, um einem allfällig ins Engadin eingedrungenen Feind den weiteren Weg zu versperren.

Vielleicht würde das Tal heute ganz anders aussehen, hätte der holländische Geschäftsmann Willem Jan Holsboer seine Idee einer Eisenbahnstrecke von Davos durchs Val Susauna nach Cinuos-chel umgesetzt. Noch andere träumten davon, das stille Tal zu beleben: 1929 eröffneten ein paar Engadiner eine Silberfuchsfarm in Susauna. Sie erhofften sich davon das grosse Geld, gingen aber schon 1934 in Konkurs. Und so ist das Tal bis heute noch fast unberührt.

Adresse Val Susauna, 7526 S-chanf-Cinuos-chel | **Anfahrt** H 27, Silvaplana–Martina, von S-chanf Richtung Cinuos-chel, nach circa zwei Kilometern links abbiegen, mit dem Auto bis Weiler Susauna, ab dort zu Fuss auf dem ausgeschilderten Wanderweg | **Tipp** Im lichten Wald bei Chapella befindet sich ein Bogenparcours. An 28 Stationen mit lebensgrossen 3-D-Kunststofftieren kann man die Technik des Bogenschiessens üben. www.stalla-chapella.ch

35 Das Ospiz

Vom Knotenpunkt zum Forschungszentrum

Achtlos brausen die Autos und Motorräder vorbei am Ospiz in Chapella – auf ihrer Durchfahrt vom Ober- ins Unterengadin oder umgekehrt. Das war im Mittelalter noch ganz anders. Da war der Ort ein wichtiger Knotenpunkt auf der Verbindungsroute von Bormio über den Scalettapass nach Davos und zwischen St. Moritz und Scuol. Reisende und arme Pilger fanden hier Unterkunft und Verpflegung auf ihrem beschwerlichen Weg und im Krankheitsfall auch die nötige Versorgung.

Auf das Jahr 1209 geht die erste urkundliche Erwähnung der romanischen Nikolauskapelle zurück, mehr als 300 Jahre später wurde die Kirche im spätgotischen Stil ausgebaut. Davon zeugen heute nur noch ein paar Steinruinen. Der Turm ist indes noch gut erhalten. Nur besteigen könne man ihn nicht mehr, wie der Verwalter betont.

Das dahinterliegende Ospiz hat etwas weniger Jahre auf dem Buckel. Aus dem Jahr 1259 erfährt man erstmals von einem angegliederten Gebäude. Und die Jahreszahl 1594 am Haus weist darauf hin, dass dieser Bau später entweder erweitert oder neu aufgebaut wurde. Das Haus soll anfangs von Dominikanern aus Como bewohnt worden sein, mutmasslich als erste «Dependance» des Ordens in der Schweiz. Vom Spätmittelalter bis zum Ende des 18. Jahrhunderts diente es dann als Armen- und Siechenhaus. Erst seit 1967 ist es dank der Stiftung Fundaziun Chapella wieder für die Öffentlichkeit zugänglich: als Bildungshaus für Jugendliche, das die einfach eingerichteten Räumlichkeiten an Gruppen vermietet.

Doch bald schon sollen das Ospiz und die daneben liegende Villa Gredig wieder wichtige Orte werden – nicht nur ein Verkehrsknotenpunkt. In Zusammenarbeit mit Hochschulen ist darin das «Center per furmaziun e perscrutaziun» eingerichtet worden, ein Zentrum für Bildung und Forschung. Der Schwerpunkt liegt dabei auf dem Gebirgswald. Schliesslich liegt dieser direkt vor der Tür – so weit das Auge reicht.

Adresse Ospiz Chapella, 7526 S-chanf-Cinuos-chel | **Anfahrt** H 27, Silvaplana – Martina, von S-chanf Richtung Cinuos-chel, nach circa zwei Kilometern links abbiegen | **Öffnungszeiten** Das Haus kann nur von aussen besichtigt werden, ausser man mietet sich als Gruppe oder Pilger ein, ospizchapella@bluewin.ch. | **Tipp** Von S-chanf aus führt ein bequemer Weg über Arschaidas erst den Hang entlang und dann durch den Our da God in gut einer Stunde nach Susauna. Besonders empfehlenswert im Winter, wenn alles tief verschneit ist.

36 Die Fundaziun Nairs

Experimentierfeld für Kulturschaffende

Als einen «Ort der Fremden» bezeichnet Christof Rösch das imposante Haus ganz unten in der Talsohle von Scuol am Inn. Mit dem Hotel Scuol Palace, der Trinkhalle und dem Gebäude der Carola-Quelle bildet das einstige Badehaus eine architektonische Einheit. Schon vor über 100 Jahren trafen sich hier Fremde, nämlich Kurgäste.

Fremde sind hier immer noch willkommen – nicht zur Erholung, sondern zum kreativen Arbeiten. Seit 1986 beherbergt das Gebäude ein Künstlerhaus. Anfangs noch mit der Absicht der Besitzerfamilie des Hotels Scuol-Palace, damit einen Extra-Stern zu erhalten. Nach der Schliessung des Hotels wurde aus dem Badehaus das Kulturzentrum «Nairs Zentrum für Gegenwartskunst». Und mit der Gesamtsanierung 2016 ist die Fundaziun Nairs in eine neue Ära gestartet. Grosses hat der künstlerische Leiter und Kurator Christof Rösch vor. Nairs soll ein Ort internationaler Ausstrahlung werden, ein Kompetenzzentrum für Kunst und Kultur, ein «Global Village for the Arts», vernetzt mit Partnerstädten in allen Erdteilen.

Dank der Renovation kann das Haus nun ganzjährig genutzt werden und 30 Kunstschaffende beherbergen. Sie wohnen in den Seitenflügeln des Hauses in ehemaligen Badestuben und Ruheräumen – manche Zimmer sind spartanisch klein wie Klosterzellen, andere hell und geräumig samt nostalgischer Badewanne. Das Herzstück der neoklassizistischen Anlage ist ein multimedialer Veranstaltungssaal im ehemaligen Kelleratelier, wo Rösch einst selbst als Stipendiat gearbeitet hat. «Die Zeit tickt anders hier», sagt Rösch. Er spricht von einem Ort, der eine besondere Energie ausstrahle. Dem Rauschen des Inn und der stoischen Ruhe des Hauses kann sich in der Tat kaum jemand entziehen, selbst Kurzaufenthalter nicht. Rösch ist überzeugt: «Nairs hat für viele Kunstschaffende die Wirkung eines Verstärkers, der auch die leisesten, bisher nicht wahrgenommenen Töne zum Klingen bringt.»

Adresse Fundaziun Nairs, Nairs 509, 7550 Scuol | **Anfahrt** H 27, Silvaplana–Martina, vor der Dorfeinfahrt rechts abbiegen auf Nairs, danach links abbiegen, um auf Nairs zu bleiben | **Öffnungszeiten** aktuelles Veranstaltungsprogramm unter www.nairs.ch | **Tipp** Mit der Sesselbahn gelangt man von Ftan zum Ausgangspunkt des Flurina-Weges, der sich auf eine Geschichte von Selina Chönz und Alois Carigiet bezieht. Entlang des Erlebnisweges von Prui nach Motta Naluns wird die Geschichte der Flurina und des Wildvögleins illustriert und erzählt.

37 Die Lia Rumantscha

Die Romanisch-Förderer

Allegra, bun di, a revair und grazcha fich – so viel verstehen die meisten Engadin-Besuchenden (Grüezi, guten Tag, auf Wiedersehen und danke schön). Doch dann wird's schwierig, will man einem Gespräch in Rätoromanisch folgen. Neugierig macht die Sprache allerdings schon, wenn sich Einheimische in einem ihrer fünf Idiome unterhalten. Vor allem in dem Bewusstsein, dass sie einer Sprachminderheit angehören. Würde man sämtliche Romanischsprechenden versammeln, hätten die rund 60.000 Menschen problemlos in einem Bundesliga-Fussballstadion Platz.

Weil eine Sprachminderheit mit einem sensiblen Pflänzchen vergleichbar ist, reagiert es auf kleinste Veränderungen der Umwelt. Deshalb wurde bereits 1919 die Lia Rumantscha als romanischer Dachverband gegründet. Man wollte die Kräfte bündeln und vereint gegen die drohende Germanisierung des romanischen Sprachgebiets ankämpfen. «Das Wissen über die Vorteile und den Wert der romanischen Sprache ist in der Bevölkerung vorhanden», sagt Linard Martinelli von der Lia Rumantscha in Scuol: «Bei der Umsetzung hapert es aber hie und da.» Den Zeigefinger wolle man nicht erheben, meint er. «Wir möchten die Freude an der Sprache vor allem spielerisch wecken.»

Deshalb gibt es neben dem Hauptsitz in Chur auch Aussenstationen in Ilanz/Glion, Savognin, Vargistagn und eben in Scuol. Das Team organisiert Romanischkurse für Feriengäste und Neuzuzüger sowie das Cafè rumantsch in Ardez, Ftan, Zernez, Scuol und auch online, bietet Vorträge über die Sprache an, berät Schulen und Firmen. Insbesondere der Nachwuchs ist den Romanisch-Förderern ein Anliegen. So wurde das Familienprogramm *kitfits* initiiert, um die Kinder fit für das Romanische zu machen.

Natürlich kann man auch einfach bei der Lia Rumantscha anklopfen. «Egal, ob man ein bestimmtes Wort sucht oder sich über die Sprache ganz allgemein erkundigen will, wir haben immer ein offenes Ohr in Sachen Rätoromanisch.»

Adresse Lia Rumantscha, Chasa du Parc, Via dals Bogns 161, 7550 Scuol, www.liarumantscha.ch | **Anfahrt** H 27, Silvaplana–Martina, in Scuol im ersten Kreisverkehr erste Ausfahrt auf Via da la Staziun nehmen, weiter folgen auf Stradun, rechts abbiegen auf Via dals Bogns | **Öffnungszeiten** Nach Vereinbarung | **Tipp** Etwas ausserhalb von Ftan in Richtung Hotel Paradies gelegen befindet sich die alpine Mühle. Sie wurde 1972 dank dem Schweizer Heimatschutz vor dem Verfall gerettet und kann besichtigt werden.

38 Der Mineralwasserweg

Mit oder ohne «Blöterli»

Die Quellen Ulrich und Rablönch weisen neben Kalzium, Natrium, Magnesium, Hydrogencarbonat und Sulfat auch grössere Mengen an Arsen auf. Die Quelle Sfondraz enthält 592 Milligramm Kalzium pro Liter, und Lucius hat mit 15.100 Milligramm pro Liter die stärkste Gesamtmineralisation der über 20 Quellen rund um Scuol. Ein wahres Wasserparadies! Zu verdanken ist dies dem «Unterengadiner Fenster», einer geologischen Erosionserscheinung. Vereinfacht gesagt wird dabei eine sogenannte Überschiebungsdecke so stark erodiert, dass die überfahrene, tiefer liegende Gesteinseinheit wieder zutage tritt. Das dadurch entstandene Fenster war mit seinen Klüften sehr wasserdurchlässig, sodass zahlreiche Mineralquellen entstehen konnten. Schriftlich erwähnt wurden sie erstmals 1369. Auch Paracelsus hat die «Heilquellen» hochgelobt und sie 1533 aufgrund ihrer wichtigsten Inhaltsstoffe in Gruppen unterteilt. Sie waren es, die Ende des 19. Jahrhunderts den Tourismus in dieser Bergregion zum Blühen brachten.

Heute kommen die wenigsten Gäste ausschliesslich des Mineralwassers wegen nach Scuol. Doch entziehen kann man sich ihrer Geschichte kaum. Am besten begibt man sich auf einen der drei ausgeschilderten Mineralwasserwege, die in verschiedenen Routen und Längen abgelaufen werden können. An den Brunnen oder Quellfassungen informieren Tafeln über Namen, Quelltyp, die wichtigsten Inhaltsstoffe und Besonderes.

Wer dazu keine Zeit hat, sollte mindestens im alten Dorfteil einen der Dorfbrunnen besuchen, aus denen neben dem normalen Bergwasser auch Mineralwasser mit Kohlensäure fliesst. Letzteres erkennt man nicht nur am Schwefelgeschmack, sondern auch an der rötlichen Farbe. Selbstverständlich kann man es direkt ab Hahn trinken. «Mit oder ohne ‹Blöterli›?», heisst da die Frage. Nach einer Wanderung kann die Antwort nur «mit» heissen, denn die kohlensäurehaltigen Quellen enthalten viel Magnesium. Das soll bekanntlich gut gegen Muskelkrämpfe sein.

Adresse 7550 Scuol | **Anfahrt** H 27, Silvaplana–Martina, bis Scuol, verschiedene Startorte möglich, Infos unter www.mineralquellen-scuol.ch | **Tipp** In Strada befindet sich das «kulturelle Gedächtnis des Unterengadins», das Archiv cultural Engiadina Bassa. Es sammelt, archiviert und erschliesst alle historischen Dokumente mit Bezug zur Region. Auf Anfrage kann man es auch besuchen. www.archivcultural.ch

39 Die Nixen am Himmel

Steivan Liun Könz' Meisterwerk

Muss man immer unbedingt ans Meer reisen? Setzen Sie sich doch mal ins Römisch-irische Bad im Bogn Engiadina in Scuol – und Sie haben das Gefühl, eine Schiffsreise auf dem Meer zu erleben. Steivan Liun Könz (1940–1998) machte sich jedenfalls mit dieser Idee an die künstlerische Ausgestaltung des Raums. Gleichzeitig aber fühlt man sich unter der Kuppel auch wie in einem Tempel. Das Wasser tritt rauschend wie aus Quellen aus den Wänden und fliesst an ihnen hinunter. Über einem schweben Fische, Vögel, Stierköpfe, Sonnen und vor allem Nixen am Firmament – alle in feinster Arbeit auf Stuck gezaubert. Wie Glasperlen leuchten runde farbige Fensteröffnungen, durch die Licht in den Raum dringt.

Im ganzen Bad kann man in die Zauberwelt von Steivan Liun Könz eintauchen, etwa wenn man an den Plattenwänden vorbeigeht, die er in einer speziellen Technik bemalt und glasiert hat. Aber auch im Ruheraum stösst man auf das Werk des Sohnes von Kinderbuchautorin Selina Chönz («Schellen-Ursli») und Architekt Jachen Ulrich Könz. Hier hat er die Holzdecke mit bunten Linien, Kreisen und Spiralen bemalt. Allein durch deren Anblick wird man schon in eine meditative Stimmung versetzt.

Über ein Jahr hat Könz an der künstlerischen Gestaltung des Grossprojektes gearbeitet. Manche Keramikteile und -figuren stellte er in seinem Atelier in Guarda her und bemalte sie, bevor sie in den Stuck eingesetzt wurden. Nicht alles mochte den Auftraggebern gefallen. Manche Figuren waren ihnen zu anstössig, sodass der Künstler sie wieder entfernen musste.

Als «autodidaktischen Dauerlehrling» bezeichnete sich Könz selbst, was natürlich reinstes Understatement ist, hat der Künstler doch so manche Engadinerhäuser mit seinen Sgraffiti zu wahren Juwelen verziert, aber auch Kirchen in der ganzen Schweiz oder das Erlebnisbad Bad Tölz in Oberbayern geschmückt. Sein Meisterwerk aber ist zweifellos das Bogn Engiadina.

Adresse Bogn Engiadina, 7550 Scuol, Tel. 081/8612600, www.scuol.ch | Anfahrt H 27, Silvaplana – Martina, bis Scuol, im Kreisverkehr erste Ausfahrt nehmen, weiter auf Stradun, rechts abbiegen auf Via dals Bogns, links befindet sich die Tiefgarage | Öffnungszeiten Bäderlandschaft: täglich 8 – 21.45 Uhr; Römisch-irisches Bad: täglich auf Vorreservation | Tipp Nur ein paar Strassenkehren von Scuol entfernt Richtung S-charl-Tal liegt der Reiterhof San Jon. Pferdefreunde können hier Westernreitkurse besuchen oder Reitwanderungen bis zu mehrtägigen Trekkings unternehmen. www.sanjon.ch

40 Der Toblerone-Salsiz

Warum bei Ludwig Hatecke die Wurst dreieckig ist

Wie ein typischer Metzger sieht er nicht unbedingt aus: Ludwig Hatecke aus Scuol, gross, schlank und mit wachen Augen. Und sein Geschäft an der Einkaufsstrasse Stradun erinnert auch eher an eine Edelboutique oder an eine Galerie als an einen Ort, an dem Fleisch im Mittelpunkt steht. Doch der Scuoler, der in dritter Generation hinter der Theke steht, meint: «Fleisch ist etwas Schönes, Ästhetisches.» Er habe sich immer dagegen gewehrt, dass der Metzgerberuf als etwas Grobes angesehen werde. Deshalb werden die Stücke bei ihm wie Juwelen präsentiert statt auf überladenen Fleischtabletts. «Was gut ist, muss auch gut aussehen.» Damit wolle er die Kargheit des Tals und den Respekt gegenüber den Tieren zeigen.

Nur bestes Fleisch wird bei ihm angeboten: vom Rindsplätzli über das Bündnerfleisch bis zum Salsiz. Statt von Limousin- oder Charolais-Kühen ist das Fleisch vor allem vom Grau- und Braunvieh. Alles von Tieren, die fünf bis zwölf Jahre alt sind, «weil sie viel mehr Geschmack als Jungtiere haben und mindestens fünf Sommer auf der Alp verbrachten», wie Hatecke erklärt. Dort gibt es für sie auf über 1.800 Metern über Meer die feinsten Kräuter und Gräser, die viele ungesättigte Fettsäuren enthalten. Geschlachtet wird noch selbst in seiner Scuoler und Samedner Metzgerei. Jede Kuh kommt mit ihrem Bauern einzeln, «damit sie möglichst wenig Stress ausgesetzt ist».

Was aber hat es auf sich mit den dreieckigen Salsiz, die von der Form her fast ein bisschen an die Toblerone-Schokolade erinnern? Es ist nicht allein ein ästhetischer Grund, aus dem Ludwig Hatecke vor rund 25 Jahren auf diese Form gekommen ist, die er auch patentieren liess. «Der Salsiz lässt sich dadurch einfach besser aufschneiden», meint der Metzger. Und so werden die Stücke 48 Stunden lang in eine Form gepresst, bevor sie eineinhalb Monate reifen, bis sie zu dem werden, was Hatecke «alpines Fleischhandwerk» nennt.

Adresse Hatecke Metzgerei, Center Augustin, Stradun 197, 7550 Scuol, www.hatecke.ch | **Anfahrt** H 27, Silvaplana – Martina, bis Scuol, beim Kreisel auf Via da la Staziun, geradeaus auf Stradun | **Öffnungszeiten** Mo – Fr 8 – 12.15 und 13.30 – 18 Uhr, Sa 8 – 17 Uhr | **Tipp** Zwischen Sent und Ramosch findet man am Hang eine riesige Anzahl von grösseren und kleineren Ackerterrassen. Hecken, Gebüsche und kleine Baumreihen unterteilen die Felder und bieten Insekten, Kleinsäugern und Vögeln einen willkommenen Lebensraum.

41 Die Wundermittel-Drogaria

Alpenrosen, Murmeltier und Hirsch aus dem Tiegel

Angefangen hatte alles auf dem Piz Arina oberhalb von Ramosch. Als die gebürtige Luzernerin Isabella Mosca nach einer Wanderung dort inmitten eines Alpenrosenfeldes sass, machte es klick. «Ich dachte mir, diese wunderbare Schönheit der Bergwelt muss man doch irgendwie einfangen können.» Also begann die Drogistin zu experimentieren und entwickelte ihr erstes Alpenrosenprodukt, das nicht nur gut duftet, sondern auch die Haut pflegt. Bald folgten weitere: Vom Murmeltierfett stellte sie eine Salbe her, die Muskel- und Gelenkschmerzen lindert, vom Hirsch eine Talgcreme, die trockene Haut wieder geschmeidig macht. Auch die Arve und Propolis kommen bei ihr zu neuen Ehren.

Natürlich durfte der Steinbock in der Palette nicht fehlen. Schliesslich war der gehörnte König der Alpen schon für die traditionelle Volksmedizin eine wandelnde Apotheke. Früher wurde fast alles Verwertbare des Steinbocks als Medizin eingesetzt – vom Blut über die Haare bis hin zu den Exkrementen. Vor allem aber die Hörner. Pulverisiert sollen sie ein Aphrodisiakum sein wie die der Nashörner Asiens. Neben diesem Hauptwirkstoff enthält der Engadiner Steinbock-Spray von Isabella Mosca jedoch auch verschiedene Bergkräuter, die die körperliche und geistige Belastbarkeit des Mannes steigern und seine Lebenskräfte heben sollen.

Wer nun befürchtet, dass für die Herstellung des Sprays die Ausrottung der Steinböcke droht, kann beruhigt werden. Für die Essenz brauche es nur ganz wenig, versichert die Drogistin. Was genau sie allerdings den Hörnern entnimmt, darüber schweigt sie sich aus. Ebenso über ihre anderen Engadiner Wundermittelchen, die sie in ihrer Drogaria Mosca in Scuol anbietet.

Man darf gespannt sein, welche Pflanzen oder Tiere aus der Alpenwelt die innovative Drogistin als Nächstes in den Tiegel oder das Fläschchen zaubert. Die Ideen gehen ihr jedenfalls noch lange nicht aus.

Adresse Drogaria Mosca, Stradun 404, 7550 Scuol, www.drogaria-mosca.ch | **Anfahrt** H 27, Silvaplana – Martina, bis Scuol, beim Kreisel auf Via da la Staziun, dann auf Stradun | **Öffnungszeiten** Mo – Fr 8.30 – 12 und 13.30 – 18.30 Uhr, Sa 8.30 – 17 Uhr | **Tipp** Die Faszination Wasserkraft kann man bei einer Führung durch das Wasserkraftwerk Pradella in Scuol erleben, während der man die Wehrfassung des Inn, die Freiluftschaltanlage sowie die Leitstelle besucht. www.ekwstrom.ch

42 Die Gedenktafel für den Komponisten

Wie die Hymne «Chara lingua da la mamma» entstand

«Eine Gedenktafel für Robert Cantieni?» Selbstverständlich kennt man im Engadin diesen Namen, schliesslich vertonte der Komponist die Hymne der Engadiner Rätoromanen aus der Feder von Gudench Barblan: «Chara lingua da la mamma». Das Lied ist eine Hommage an das Ladin und auch ausserhalb des Bündnerlandes bestens bekannt. An welchem Haus nur mag die Tafel hängen? Roger Schorta, Tourismusverantwortlicher von Ardez, kennt die Antwort: «Folgen Sie dieser Gasse bis zur Nummer 59.» Da hängt sie tatsächlich, die Gedenktafel: «In diesem Haus bei seinem Freund, dem Lehrer Peider Mengiardi, hat Robert Cantieni 1913 unser Lied ‹Chara lingua da la mamma› komponiert.»

Wie es dazu kam, erzählt sein Enkel Jean-Claude Cantieni. Sein Grossvater war zwar einer der ersten Bündner, der das Konservatorium in Zürich abschloss, allerdings konnte er anfangs von der Musik allein nicht leben. Also führte der in Scuol wohnhafte Musiker in Susch eine Gärtnerei. Eines Abends auf dem Nachhauseweg komponierte er im Zug an der Melodie von «Chara lingua da la mamma». Auf einem Zigarrenschächtelchen soll er die ersten Noten aufgeschrieben haben. In Ardez hielt er es nicht mehr aus, stieg aus dem Zug, eilte zu seinem Freund Peider Mengiardi und bat ihn um ein Blatt Papier. Noch am selben Abend hatte er die Melodie in einem Guss niedergeschrieben und sie mit seinem Freund gesungen. «Seither wurde keine Note mehr daran verändert», erzählt sein Enkel, der den Nachlass seines Grossvaters verwaltet und ihn «zwar als impulsiven, aber enorm empathischen und poetischen Menschen» in Erinnerung hat. Trotzdem kehrte der Komponist für viele Jahre dem Engadin verbittert den Rücken, weil man seine Zusammenstellung eines Bündner Gesangbuches unter anderem Namen herausgab. Erst spät versöhnte er sich mit seiner Heimat und hinterliess ein reiches Erbe mit 1.001 Titeln.

Adresse Bröl 59, 7546 Scuol-Ardez | **Anfahrt** H 27, Silvaplana–Martina, vor der Dorfeinfahrt Ardez links abbiegen auf Sassagl, geradeaus bis Bröl | **Tipp** Hoch über dem Dorf Ardez thront die Schlossruine Steinsberg mit den Überresten der St.-Luzius-Kapelle. Nicht umsonst hat man hier einst ein Schloss erbaut, denn die Aussicht ist phänomenal.

43 Der Schaf-Laden

Alles, was das Schaf hergibt

Charmant klingen die Übernamen ja nicht gerade, die sich die Engadiner Dorfbewohner gegenseitig geben. Die Suscher sind «ils morders» (die Mörder), die Laviner «ils stranglavachas» (die Kuhwürger) und die Zernezer «ils magliachognas» (die Hundefresser). Da hört sich die Bezeichnung für die Ardezer schon fast freundlich an: «la bescha», die Schafe. Schafe haben hier tatsächlich eine lange Tradition – bis heute. «Es leben mehr Schafe als Menschen hier», weiss Claudia Janett, Bäuerin und Lehrerin. Auf etwas mehr als 400 Einwohner kommen rund 500 Schafe. Dies sind vor allem weisse Alpenschafe und ein paar einzelne Engadiner Schafe, eine seltene Pro-Specie-Rara-Rasse.

Für das Fleisch finden die Schafbauern sehr wohl Absatz, nicht aber für die Wolle. Weil der Erlös dafür niedrig war und sie den wertvollen Rohstoff nicht einfach entsorgen wollten, griffen die Ardezerinnen zur Selbsthilfe. Nun vermarkten sie die Wolle im wohl einzigen Schaf-Laden der Schweiz, in ihrer «Butia da besch» im Herzen von Ardez. Im Jahr 2009 lancierte Claudia Janett die Idee, die Wolle in der Region zu verarbeiten und damit den Frauen ein Zusatzverdienst zu ermöglichen. Ein Dutzend Frauen im Alter von 30 bis 75 Jahren engagieren sich für die Butia da Besch. Sie produzieren mit grossem handwerklichem Geschick eine Vielfalt von Produkten. Sie filzen, stricken, nähen, häkeln und weben – das meiste von Hand. Weil der Laden auch als Atelier dient, kann man ihnen über die Schultern schauen, wenn sie bei der Arbeit sind. So sieht man Vreni Barbüda, wie sie Schaffell-Duvets fertigt, oder Annina Tönett, die am Webstuhl Kissenbezüge webt. Niedliche Filztierchen, wärmende Mützen, Socken oder Eierwärmer, aber auch edle Einkaufstaschen sowie modische Jacken findet man in den Regalen. Und natürlich Strick- und Kardwolle in allen Farben. Die Schafe hätten ihre helle Freude, wenn sie sehen würden, was aus ihrem wärmenden Fell alles entsteht.

Adresse Butia da besch, Bröl, 7546 Scuol-Ardez, www.butiadabesch.ch | Anfahrt H 27, Silvaplana–Martina, in Ardez auf Suot Chastè, weiter auf Brölet bis Bröl | Öffnungszeiten Mo–Fr 14–18 Uhr, Sa 14–17 Uhr | Tipp Auf den Sonnenterrassen von Guarda gedeihen würzige Tee- und Kräuterpflanzen, die bei «Guarda Kräuter» von Regula Guyer und Samuel Bühlmann sowie ihrem Team von Hand zu feinen Teemischungen, Körperpflegeprodukten und Kräutersalzen verarbeitet und im eigenen Laden verkauft werden. www.guarda-kraeuter.ch

44 Die Schalensteine

Wo Hexen ihr Unwesen trieben

Es müssen fleissige Hände gewesen sein, die mit ihren Werkzeugen weit über 100 schalenförmige Vertiefungen in die Platten aus Kalkschiefer gehauen haben. Vereinzelt sind diese Dellen auch durch Rillen miteinander verbunden und geben so ein äusserst interessantes Bild ab, das fast an den Panzer eines Urtieres erinnert. Diese Platten liegen noch heute am Wegrand zwischen Ardez und Guarda und können bestaunt werden.

Solche sogenannten Schalensteine waren im Alpenraum weitverbreitet und sollen von der Jungsteinzeit bis ins Mittelalter hinein zurückdatieren. Bei den Ardezer Exemplaren könnte die Entstehung laut Experten sogar in urgeschichtliche Zeit zurückgehen, da das Unterengadin um 2000 vor Christus bis Christi Geburt relativ dicht besiedelt war. Wofür man diese Steine brauchte oder ob sie Kultobjekte waren, ist ebenso wenig bekannt wie die Entstehungszeit. Weil aber die Menschen für diese rätselhaft bearbeiteten Steine keine Erklärung fanden, nannte man sie einfach Hexensteine, «Plattas da la strias».

Deshalb erzählt man sich die Sage von dem Sennen, der genau auf der Höhe der Schalensteine von einigen Hexen arg geplagt wurde, als er von einer der Alpen am Fuss des Piz Cotschen nach Ardez hinunterstieg. Es soll in einer stockdunklen Nacht gewesen sein. Sehen konnte der Senn kaum etwas, aber die Hexen lärmten ohrenbetäubend um ihn herum, als würden sie Riesentschinellen oder einen übergrossen Schellenbaum mit sich tragen. Dem jungen Mann wurde darob ganz angst und bange, und er rannte, so schnell er konnte, nach Ardez hinunter. Als er beim ersten Haus um Einlass bat und seinen Blumenkranz vom Haupte nahm, fehlten darin die goldenen Münzen, die ihm die Meistersleute auf der Alp als Lohn für seine Arbeit in den Kranz geflochten hatten.

Ob der Senn nur halluziniert und das Klirren der Goldstücke für das Lärmen der Hexen gehalten hatte, bleibt ein Geheimnis.

Adresse Bos-cha, 7546 Scuol-Ardez | Anfahrt H 27, Silvaplana–Martina, bis Bahnhof, dort parken und zu Fuss dem Wanderweg auf der alten Strasse zwischen Ardez und Bos-cha Richtung Guarda folgen, nach circa 20 Minuten sieht man die Schalensteine am Wegrand | Tipp Eines der artenreichsten Pflanzengebiete der Schweiz ist die Val Tasna. Von Ardez oder Ftan wandert man in drei Stunden durch das Tal bis hinauf zur bewirteten Ziegenalp Valmala.

45 Das Schellen-Ursli-Dorf

Die perfekte Filmkulisse

Natürlich ist der Schellen-Ursli ein Guardaner. Schliesslich ist die Hauptfigur des bekannten Kinderbuches von Selina Chönz und dem Illustrator Alois Carigiet in Guarda angesiedelt. Doch für die neueste Verfilmung der Geschichte um den Buben, der für eine grosse «Plumpa» (Glocke) für den Chalandamarz-Umzug allerlei Abenteuer auf sich nimmt, war den Filmproduzenten das Dörfchen zu putzig, zu perfekt und vor allem zu belebt für wochenlange Sperrungen. Also wichen sie auf das Maiensäss Sur En d'Ardez aus, das – wie es sein Name sagt – «über dem Inn» auf der anderen Talseite liegt.

Dort haben die Filmer sozusagen ein Studio unter freiem Himmel vorgefunden: ebenso wunderschön verzierte, alte, mächtige Engadinerhäuser wie in Guarda. Und dazu einen Dorfbrunnen, den wichtigsten Ort für den Chalandamarz-Umzug. Weil nur gerade zwei Leute den Weiler ganzjährig bewohnen, war das die perfekte Kulisse für die im Winter durchgeführten Drehtage. Allerdings hat die Crew um Regisseur Xavier Koller etwas geschummelt: Sie hat das Dorfensemble um einzelne Häuserfassaden erweitert und in Sur En haargenau rekonstruiert, darunter auch das Wohnhaus von Schellen-Ursli und seiner Familie.

Während der Schellen-Ursli in Guarda nach dem Kino-Hit noch omnipräsenter ist als zuvor – es wurden verschiedene touristische Projekte wie ein neu konzipierter Schellen-Ursli-Weg oder das Schellen-Ursli-Museum lanciert –, sind in Sur En kaum mehr Spuren zu erkennen. Wandert man im Sommer von Ardez in einer guten Stunde auf der wenig befahrenen Strasse zuerst zum Inn hinunter und anschliessend nach Sur En hinauf, kommt man vorbei an wunderbaren Wiesen mit Knabenkräutern oder Türkenbund. Im Weiler mit dem Kirchlein entdeckt man dann einige bekannte Häuser aus dem Film und mittendrin natürlich den Brunnen, um welchen die Kinder an Chalandamarz mit ihren Glocken laufen.

Adresse Sur En d'Ardez, 7546 Scuol-Ardez | **Anfahrt** H 27, Silvaplana–Martina, bei Ardez Richtung Bahnhof, von dort zu Fuss den Weg Richtung Sur En nehmen | **Tipp** Hoch über dem Dorf Guarda führt ein Schellen-Ursli-Weg in Richtung Val Tuoi. An verschiedenen Posten und integrierten Spielen vorbei wandert man durch die traditionelle Geschichte des Schellen-Ursli.

46 Die EWR-Bibliothek

Wo die Idee eines Staatenvertrages geboren wurde

Würde Fräulein Risler heute noch leben, hätte sich die EU vielleicht nicht mit dem Ausstieg Grossbritanniens auseinandersetzen müssen. Die resolute Dame, die von 1945 bis 1980 die Geschicke des Hotels Paradies in Ftan lenkte, wäre mit den federführenden Brexit-Befürwortern Nigel Farage und Boris Johnson wahrscheinlich nicht gerade zimperlich umgegangen. Sie hätte ihnen wohl die Leviten gelesen – oder sie im besten Falle in die Hotelbibliothek gesperrt –, auf dass sie sich auf den Geist in diesem Hause besinnen. Die stilvolle Bibliothek mit Regalen bis unter die Decke, dem Ledersessel mit Patina und der Schach-Ecke war schon einmal der Ort, an dem Weltgeschichte geschrieben wurde.

Fräulein Risler war schliesslich Gastgeberin mit Leib und Seele. In ihrem «Haus Paradies», wie sich das Hotel einst nannte, sollten sich die Menschen, denen das Gute und Schöne am Herzen lag, rundum wohlfühlen. Sie verstand ihren Gastbetrieb auch nicht als herkömmliches Hotel, sondern als einen Rückzugsort, an dem man sich auf die inneren Werte und die schöpferischen Kräfte besinnen sollte. Künstlerinnen und Künstler, Akademiker, deutscher Adel, aber auch Politiker waren gern gesehene Gäste. Wer nicht mindestens einen Stammgast als Referenz angeben konnte, wurde auch schon mal weggeschickt, selbst wenn im Hotel noch Zimmer frei waren.

Als sich nach Kriegsende Konrad Adenauer, Winston Churchill und Robert Schuman in ihrem Hause trafen, muss sich Fräulein Risler des Ernstes der Lage bewusst gewesen sein. Kurzerhand überliess sie den drei Staatsmännern das ganze Haus und zog vorübergehend zu Freunden. Es ist überliefert, dass bei dieser historischen Begegnung im Hotel Paradies zwischen Adenauer, Churchill und Schuman die Idee eines überstaatlichen Vertrages vordiskutiert wurde, aus dem dann der EWR-Vertrag und damit die heutige EU hervorging.

Adresse Hotel Paradies, Munt Plan 150, 7551 Scuol-Ftan, www.paradieshotel.ch | **Anfahrt** H 27, Silvaplana–Martina, in Scuol beim Bahnhof im Kreisverkehr Abfahrt nach Ftan, rund vier Kilometer folgen bis Ftan, dann ab Plaz den Wegweisern folgen | **Öffnungszeiten** Mitte Juni–Ende Sept. und Dez.–Ende März | **Tipp** In der Alphütte «Chasa da Fö» auf der Alp Laret ob Ftan veranstaltet das Hotel Paradies regelmässig Kochkurse. Dabei werden auf dem über 100 Jahre alten Holzkohleherd urchige Gerichte aus der Region gekocht.

47 Das Hochalpine Institut Ftan

Wo Weltmeisterinnen und Olympiasieger geformt werden

Was wohl Andrea Rosius à Porta heute über die Ausstrahlung seines Instituts denken würde? Als der Pfarrerssohn und Lehrer nach einigen Wanderjahren als Privatlehrer und Feldprediger 1793 die Bildungsstätte in Ftan hoch über Scuol eröffnete, war er ein Pionier. Mit dem «Institut à Porta» gründete er die erste Privatschule in Graubünden, die er bis 1829 erfolgreich führte. Sie basierte auf den Grundsätzen Heinrich Pestalozzis.

Von Anfang an nahm à Porta auch Mädchen auf. Ab 1913 wurde die Schule sogar zu einer reinen Mädchenschule, dem «Hochalpinen Töchterinstitut Ftan». Erst seit 1976 steht das Hochalpine Institut Ftan (HIF), wie es heute heisst, auch wieder Knaben sowie externen Schülerinnen und Schülern aus dem Tal offen.

Mehr als 225 Jahre später ist das HIF nicht nur Bildungsstätte, sondern auch eine Talentschmiede für Sportlerinnen und Sportler. Ob Snowboard- oder Langlaufchampion, ob Freizeitgolfer oder -skifahrer – Sport ist ein wichtiger Bestandteil im HIF. Schliesslich fördert er Gesundheit, Wohlbefinden, Widerstandskraft, Selbstdisziplin und Teamgeist. Ganz nach dem Motto: Fit für den Sport, fit fürs Leben. Hier werden Begabungen entdeckt und gefördert. Ideal, dass die Trainingsmöglichkeiten direkt vor der Haustür liegen: Pisten, Loipen, Freestyle Park ebenso wie Tennisplätze, Sprintbahn oder Golfplatz.

Und so darf sich das HIF ganz unbescheiden als die Schule nennen, wo Olympiasieger und Weltmeisterinnen geformt werden. Ein paar Namen gefällig? Cla und Fadri Mosca, die beiden Snowboard-Weltmeister, gingen hier zur Schule, ebenso wie Biathletin Irene Cadurisch oder Snowboard-Olympiasieger Nevin Galmarini. Und natürlich der mehrfache Langlauf-Olympiasieger und -Weltmeister Dario Cologna. Darüber hätte sich bestimmt auch Andrea Rosius à Porta gefreut.

Adresse Hochalpines Institut Scuol-Ftan, Chalchera 154, 7551 Scuol-Ftan, www.miaengiadina.ch | **Anfahrt** H 27, Silvaplana – Martina, in Scuol bis Via da la Staziun, Richtung Ftan, in Ftan Wegweiser Richtung Institut | **Tipp** Wer im Gebiet von Motta Naluns oberhalb von Scuol-Ftan unterwegs ist, kann selbst auf 2.602 Metern über Meer einkehren: Das Bergbeizli Prümaran Prui bietet währschafte Kost und ein herrliches Bergpanorama dazu. www.prui.ch

48_Die Hütte am Fuss des Piz Buin

Alles begann mit einem Sonnenbrand

Wer des Romanischen nicht mächtig ist, stolpert bald mal über gewisse Namen, die das Engadin bereithält. Tuoi hat zwar nur vier Buchstaben, ist aber trotzdem ein Zungenbrecher. Liegt es an den drei Vokalen, die von gerade mal einem Konsonanten angeführt werden? Jedenfalls bleibt der Name im Gedächtnis haften. Noch aus einem weiteren Grund: Das Val Tuoi mit der gleichnamigen Hütte liegt an der schweizerisch-österreichischen Grenze am Fuss des Piz Buin. Und der ist eine Legende.

Eben noch geht man durch das Bilderbuchdörfchen Guarda und kann sich kaum von dessen Anblick losreissen. Ein Haus ist schöner als das andere. Doch kaum hat man das Dorf verlassen und ist einige Kehren auf dem bequemen Weg Richtung Norden ins Val Tuoi gewandert, blitzt der markante Piz Buin schon hervor – oder besser gesagt seine beiden Spitzen. Denn es gibt nicht nur den «kleinen», den Piz Buin Pitschen, es gibt auch den «grossen», den Piz Buin Grond. Gut, dass die Gipfel einen wie magnetisch anziehen, so vergeht die Wanderung bis zur Tuoihütte hinauf wie im Flug.

Beim Betrachten der beiden Piz Buine fragt man sich allerdings, weshalb sie ausgerechnet für eine Sonnencreme-Marke Pate standen. Nun, am Anfang dieser Geschichte stand ein Sonnenbrand. Den zog sich der Chemiestudent Franz Greiter anno 1938 bei einer Bergtour auf den Piz Buin zu. Daraufhin soll er in einem kleinen Labor in seinem Elternhaus ein Sonnenöl zum Schutz vor zu viel Sonnenstrahlung entwickelt haben, das er schliesslich nach dem Verursacher-Berg benannte. Das war der Grundstein für ein erfolgreiches Unternehmen, das noch heute für hochwertige Sonnenschutzmittel steht.

An einem sonnigen Tag kann man sich auf dieser Wanderung tatsächlich schnell einmal einen Sonnenbrand holen – ausser man hat sich vorher genügend mit der richtigen Creme eingeschmiert.

Adresse Tuoihütte, 7545 Scuol-Guarda | **Anfahrt** H 27, Silvaplana–Martina, bis Guarda Dorfeingang, dann den Wegweisern nach Chamanna Tuoi folgen, Wanderzeit rund 2,5 Stunden | **Öffnungszeiten** Aktuelle Öffnungszeiten unter www.tuoi.ch | **Tipp** Natürlich muss man es gesehen haben, das Original-Schellen-Ursli-Haus in Guarda aus der Geschichte um den kleinen Ursli mit der grossen Glocke. Um die Suche etwas zu erleichtern: Es ist das Haus Chasa Nr. 51 in der Hauptgasse des Ortes.

49 Die Messer-Manufaktur

Unikate aus der Schmiede

Sorgfalt und handwerkliches Geschick braucht es für alles, was in der Fuschina da Guarda, der Schmiede, hergestellt wird – Bettgestelle, Fenstergitter oder auch Treppenelemente. Aber bei den Messern kommt noch ein weiterer Aspekt dazu, der Thomas Lampert wichtig ist: «Mit den Messern kann ich dem Verbraucher das Schmiedehandwerk näherbringen.»

2002 zog der Basler Kunstschmied und Metallbauschlosser in das Unterengadiner Dorf, um die kleine Schmiede zu übernehmen. Rabenschwarz sind die Räume vom Russ, und laut kann es werden, wenn der Hammer geschwungen wird. Ganz klar: Hier wird noch nach uralter, herkömmlicher Manier gearbeitet. Das gilt insbesondere bei den Messern. Deshalb werden ihre Klingen auch nicht vollständig glänzend geschliffen, sondern abgebeizt, gebürstet und matt geschliffen. «Die Schmiedespuren darf man ruhig sehen», findet der Schmied. Edel sehen sie trotzdem aus, mit dem persönlichen Zeichen des Schmieds, mit der behauenen Klinge sowie dem kräftigen Griff – oder vielleicht gerade deshalb. Denn auch wenn Lampert mit seinen Mitarbeitern Kleinserien herstellt und inzwischen bis zu 2.500 Messer pro Jahr verkauft, ist doch jedes ein Unikat: vom Jagd- übers Käse- bis zum Wiegemesser.

Profiköche sind längst auf den Geschmack der Lampert-Messer gekommen. So entstanden in Zusammenarbeit mit Gourmetkoch Stefan Wiesner vom Gasthof Rössli in Escholzmatt verschiedene «Hexer-Messer» mit einem Rillenschliff. Mit Albi von Felten vom Hotel Hirschen in Erlinsbach entwickelte Lampert ein Alp-Sbrinzmesser, ganz aus Messerstahl. Die Ideen gehen Thomas Lampert nicht so schnell aus. Mit jedem Jahr kommen neue Produkte dazu, und auch eine neue Schmiede unten in Giarsun an der Engadinerstrasse.

Wer an einer der beiden Fuschinas vorbeikommt, kann anklopfen und den Schmieden bei der Arbeit über die Schultern gucken – und sich vielleicht auch gleich sein persönliches Messer aussuchen.

Adresse Fuschina da Guarda, Fuschina 100, 7545 Scuol-Guarda, www.lampert-guarda.ch | **Anfahrt** H 27, Silvaplana–Martina, in Guarda beim Kreisverkehr nach Guarda abbiegen, rund zwei Kilometer auf der Hauptstrasse bleiben bis Fuschina 100 | **Öffnungszeiten** In der alten Fuschina im Dorf auf Voranmeldung, in der neuen Fuschina in Giarsun Mo–Fr 9–18 Uhr oder auf Voranmeldung | **Tipp** Im Gebiet Craista östlich von Ardez befindet sich die Foura Chagnoula, ein drei Meter grosses Loch, das senkrecht in eine rund 30 Meter tiefe Höhle führt. Früher diente dieser Ort als Tierfriedhof.

50 Das Arven-Refugium

Der Symbol-Wald der Rätoromanen

Tamangur – ein Name wie aus einer mystischen Zauberwelt. Nicht irgendwo in Sibirien, sondern im Unterengadin. Ganz hinten im S-charl-Tal wandert man entlang des Flüsschens Clemgia hinauf nach Tamangur, dem höchstgelegenen Arvenwald Europas. «Ort bei der grossen Alphütte» bedeutet der Name auf Deutsch. Fast wie im Urwald fühlt man sich inmitten der knorrigen, zerzausten Bäume, die zum Himmel streben und Wind, Wetter und auch Felsen trotzen. Bis zu 800 Jahre alt sollen manche sein. Wenn sie dann das Zeitliche gesegnet haben, dauert es nochmals rund 400 Jahre, bis ihr säurehaltiges Holz endgültig zersetzt ist. Und so wirken die silbrig glänzenden Stämme und Wurzeln wie kunstvolle Skulpturen zwischen den jungen Bäumen, die dort heranwachsen.

Seit der Engadiner Dichter Peider Lansel 1923 in einem Gedicht den sterbenden Wald von Tamangur mit dem damals verschwindenden Rumantsch verglich, steht der Wald auch für die Hartnäckigkeit, den Überlebenswillen und die Stärke der romanischen Kultur und Sprache. Kein Wunder, dass Tamangur immer wieder in Bildern, Filmen und auch Büchern auftaucht. So auch bei der Lyrikerin Leta Semadeni, die ihrem ersten Prosawerk diesen Titel gab und damit den Schweizer Literaturpreis 2016 gewann und 2023 für ihr Gesamtwerk mit dem Schweizer Grand Prix Literatur ausgezeichnet wurde. In ihrem bezaubernden Roman steht Tamangur nicht nur für den Wald, sondern auch für den Ort, an dem der Grossvater verschwunden ist.

Einst hätte dieses Gebiet ein neuer Nationalpark werden sollen. Doch die Scuoler Landwirte wollten nicht auf die Bewirtschaftung der Kuhalpen verzichten. Inzwischen ist das Gebiet ein Naturwaldreservat, das direkt in den Regionalen Naturpark Biosfera Val Müstair führt. Seit die Beweidung eingeschränkt wurde, hat sich der God da Tamangur erholt und wieder verjüngt. Peider Lansels Angst, dass die Arven und damit der Name Tamangur verschwinden, ist also unbegründet.

Adresse S-charl, 7550 Scuol-S-charl | **Anfahrt** H 27, Silvaplana–Martina, nach Scuol Abfahrt auf Clozza nehmen, weiter auf Manaröl und Gurlaina, dann auf Dschombrina bis S-charl; vom Parkplatz aus zu Fuss in rund eineinhalb Stunden in Richtung God da Tamangur | **Tipp** Das kurz vor S-charl gelegene Museum Schmelzra mit einer Bärenausstellung und dem Bergbaumuseum ist ein Kleinod. In unmittelbarer Nachbarschaft vermittelt der Bärenerlebnisweg interessante Informationen zum Braunbären. www.nationalpark.ch und www.schmelzra.ch

51 Der Alberto-Giacometti-Keller

Eine einzigartige private Sammlung

Vielleicht hätte es Alberto Giacometti auch in Sent, am anderen Ende des Tals, gefallen. «Ich weiss nicht einmal, ob er je hier war», bedauert Carlos Gross. Als der Hotelier und Unternehmer vor ein paar Jahren auf der Suche nach einem Ort war, um ein Berghotel zu kaufen, in dem er auch seine Grafiksammlung des Künstlers aus dem Bergell unterbringen konnte, fand er mit dem ehemaligen Hotel Rezia in Sent den richtigen Ort. Nach einem Gesamtumbau durch den Architekten Duri Vital eröffnete Gross Ende 2012 seine «Pensiun», die mit dem hölzernen Balkonvorbau neben den mächtigen Engadinerhäusern geradezu filigran wirkt. Der Name «Aldier» steht für die jeweils ersten zwei Buchstaben der drei Künstler, denen das Haus gewidmet ist: der Brüder Alberto und Diego Giacometti sowie Ernst Scheidegger, Fotograf und Verleger.

Letzterer hat in Carlos Gross das schon seit seiner Gymnasialzeit lodernde Feuer für die Arbeiten von Alberto Giacometti endgültig entfacht. Stundenlang hat Gross in Scheideggers Galerie in den Mappen geblättert. Jahre später konnte er sich endlich ein Stück Giacometti kaufen. Und dann noch ein Blatt und noch eines und noch eines... Mittlerweile sind es über 300, zusammengetragen aus der ganzen Welt. Damit hat Gross wohl die grösste öffentlich ausgestellte grafische Sammlung von Alberto Giacometti. Dazu noch eine ganze Reihe «Livres d'artistes» (kleinformatige Bücher mit Original-Grafiken), Objekte von Diego Giacometti und viele grossformatige Schwarz-Weiss-Fotos von Ernst Scheidegger.

Weil diese Kunst nicht nur für die Augen ihres Besitzers bestimmt sein soll, darf man durch das stilvoll eingerichtete Haus wandeln und trifft überall auf die Werke: in den Gängen, in den Zimmern, im Restaurant und insbesondere im Gewölbekeller mit der fast kompletten Sammlung des druckgrafischen Werkes von Alberto Giacometti.

Adresse Pensiun Aldier, Plaz 154, 7554 Scuol-Sent, www.aldier.ch | **Anfahrt** H 27, Silvaplana–Martina, nach Scuol auf der Hauptstrasse Richtung Sent, im Dorf auf der Hauptstrasse bleiben und bis zum grossen Platz fahren | **Öffnungszeiten** Mitte Juni–Ende Okt. und Mitte Dez.–Ende März Museum Di–So 12–18 Uhr | **Tipp** Die Grotta da cultura bereichert mit Theatervorstellungen, Konzerten, Lesungen und Diskussionsrunden regelmässig das kulturelle Leben von Sent. Jeweils dienstags und samstags von 17–19 Uhr ist auch die Grotta Bar Schigliana geöffnet. www.grottadacultura.ch

52 Die Alleen

Ein gefährdetes Kulturgut

Bergahorn, Eschen, Linden, Silberpappeln, Bergulmen – in Reih und Glied stehen sie da. Wenn sie sich im Herbst in ihren bunten Farben zeigen, dann sei der Anblick der historischen Alleen am schönsten, schwärmt Andri Poo von der «Società d'Ütil public». Der 1875 gegründete gemeinnützige Verein hatte den Zweck, Kultur und soziale Wohlfahrt zu pflegen. Als eine der ersten Aktionen pflanzten seine Mitglieder rund 300 Bäume entlang der Strassen von und nach Sent, insgesamt 14 verschiedene Sorten. Damit wollten die Sentiner nicht nur das Landschaftsbild verschönern, sondern vor allem den benachbarten Scuolern, die sich an den Kosten für die neuen Strassenverbindungen praktisch nicht beteiligt hatten, zeigen, wozu sie fähig waren. Es wird wohl auch der Einfluss der Auswanderer, der sogenannten «Randulins», gewesen sein, die einen Hauch «Italianità» in ihre alte Heimat bringen wollten. Und die Bäume sollten natürlich auch den Feriengästen beim Flanieren an diesem Sonnenhang Schatten spenden.

Noch heute ist die «Società d'Ütil public» Besitzerin der Bäume der Sentiner Alleen, die nach Scuol, Crusch und ins Val Sinestra führen. Nirgendwo im Engadin findet man schönere Baumstrassen. Deshalb stehen sie inzwischen unter Schutz und sind landschaftlich von regionaler Bedeutung. Allerdings machen sie zunehmend auch Sorgen: Das Kulturgut ist dabei zu verschwinden, weil immer mehr Bäume absterben – die einen aus Altersgründen, die anderen aufgrund von Streusalzschäden. Und die dritten wiederum mussten Strassenverbreiterungen weichen. So sind denn die Alleen längst nicht mehr alle beidseitig von Bäumen gesäumt. Ins Val Sinestra etwa oder nach Crusch stehen sie fast nur noch talseitig, manchenorts hat es auch schon grössere Lücken, was dem Anblick jedoch keinen Abbruch tut. Und dafür laden dazwischen immer wieder Bänklein zum Ruhen oder Verweilen ein. Kein Wunder, dass diese Wege noch heute beliebte Flaniermeilen sind.

Adresse 7554 Scuol-Sent | Anfahrt H 27, Silvaplana–Martina, nach Scuol die Abfahrt nach Sent nehmen, vor dem Dorfeingang im Parkhaus parken und dann zu Fuss entweder Richtung Val Sinestra oder Crusch wandern | Tipp Das abgelegene Val Sinestra, das man von Sent aus erwandern kann, wurde 2011 zur «Landschaft des Jahres» gewählt. Ganz hinten im Val Sinestra befindet sich das mächtige Kurhaus, in dem es angeblich spuken soll. Wandert man von hier aus über Hof Zuort weiter Richtung Vnà, überquert man zwei eindrückliche Hängebrücken. www.sinestra.ch

53__Die eckige Nusstorte

Auf den Spuren der Zuckerbäcker

Anecken will Peder Benderer nicht unbedingt. Aber die Dinge etwas anders angehen. Das bewies er schon 1999. Bevor der Bäcker-Confiseur die Geschäfte in Sent und Scuol von seinem Vater übernahm, begab er sich zuerst einmal auf eine Reise – eine Reise zu den Wurzeln seines Handwerks und zu seinen geistigen Vorfahren. Es war das Buch «Fast ein Volk von Zuckerbäckern» von Dolf Kaiser, das ihn dazu inspirierte, zu Fuss nach Florenz zu wandern. Nicht nach Arbeit suchen wollte er dabei, sondern herausfinden, was es bedeutet, heute Zuckerbäcker im Engadin zu sein, aber auch den Horizont öffnen, die Sinne schärfen.

«Ich war überrascht, wie man Dinge plötzlich anders anschaut und beobachtet», erzählt Peder Benderer. Er machte sich dazu genaue Notizen in ein kleines Büchlein, das er immer wieder hervorholt und in dem er auch nach inzwischen mehr als 20 Jahren noch Inspiration für neue Produkte findet. Wie einen Schatz bewahrt er es im Tresor auf. Seither steht auf seinen Produkten: «Sent – 1999 – Firenze».

Hergestellt werden die köstlichen Backwaren aber immer noch dort, wo einst sein Grossvater in Sent die Bäckerei gründete. Im unteren Stock werden Brote und Gipfeli gebacken, im oberen Stock, wo die Maschinen etwas kleiner und zierlicher sind, die süssen Sachen. Etwa die Fluors Engiadinaisas – eine Art Florentiner, die er im Winter mit Puderzucker überschneit. Oder die Rodas Engiadinaisas, die auf ein altes Rezept zurückgehen. Form und Name allerdings erinnern an seine Wanderung nach Florenz. «Wenn ich nur Räder an den Füssen gehabt hätte», schmunzelt der Zuckerbäcker. Und natürlich bietet er auch den Klassiker an, die Engadiner Nusstorte. Aber nicht nur: Benderer hat sie weiterentwickelt zur Zuckerbäckertorte. Diese enthält bei ihm weniger Zucker, dafür mehr Honig und auch etwas Rahm. Vor allem aber hat sie vier Ecken. Es muss schliesslich nicht immer alles sein wie bisher.

Adresse Furnaria Benderer, Plaz 64, 7554 Scuol-Sent, www.benderer.ch | Anfahrt H 27, Silvaplana–Martina, ausgangs Scuol auf der Hauptstrasse Richtung Sent, im Dorf auf der Hauptstrasse bleiben, in Sent nach rechts abbiegen, weiter auf Sala | Öffnungszeiten Mo–Fr 7.30–12 und 15–18.30 Uhr, Sa 7.30–12 Uhr | Tipp Flaniert man durch Sent, fällt an den Häusern eine architektonische Besonderheit auf: die geschweiften barocken Dachgiebel. Sie gelangten Ende des 18. Jahrhunderts durch Handwerker aus dem österreichischen Westtiroler Inntal ins Engadin und werden allgemein «Senter Giebel» genannt.

54 Der Felsenweg

Nichts für Angsthasen

Der Natur und einigen kräftigen Händen ist es zu verdanken, dass sich ganz zuhinterst im Val d'Uina eines der spektakulärsten Wandererlebnisse der Schweiz versteckt: der Felsenweg. Da waren zuerst einmal die Bäche vom Plateau da Rims, vom Val Cristanas und dem Schlingenpass, die sich vor Millionen Jahren tief ins Kalkgestein gruben und die Uina-Schlucht schufen. Und dann war da Anfang des 20. Jahrhunderts die Idee einiger Alpinisten aus dem deutschen Pforzheim, sich mittels eines Weges einen direkten Zugang zu ihrer Clubhütte nahe des Schlingenpasses zu verschaffen. Also bauten sie von 1908 bis 1910 an dieser Stelle einen rund 600 Meter langen und 1,3 Meter breiten Felsenweg mit zwei Tunneln und einer Galerie in die senkrechte Wand, um einen einigermassen bequemen Zugang zur Hütte zu erhalten.

Für Angsthasen ist das freilich nichts. Nachdem man von Sur En heraufgewandert ist, bekommt mancher allein beim Anblick des Felsenweges weiche Knie. Da soll man wirklich durch? Links ist der Weg begrenzt durch den Fels, rechts geht es zum Teil über 100 Meter in die Schlucht hinunter. Meist sind zwar Drahtseile auf der Aussenseite angebracht, doch nicht überall. Da kann man sich nur wundern, dass auch Mountainbiker diese Strecke befahren. Nur gut, dass sie durch Schilder angehalten werden, ihr Fahrrad auf dem engen Weg zu schieben. Denn schon ein kleiner Schwenker könnte fatal sein.

Wer lieber auf dieses waghalsige Abenteuer verzichten will, kann sich einfach den «Schellen-Ursli»-Film auf DVD anschauen. Verschiedene Szenen wurden eingangs des Val d'Uina bei Puntins Ots aufgenommen. So etwa ein Teil des Alpabzuges und der Absturz eines mit Holz beladenen Wagens. Die Holzriese für den Abtransport der Baumstämme, die speziell für den Film erbaut wurde, kann man noch immer bestaunen. Das allein genügt schon, um den Puls in die Höhe schnellen zu lassen.

Adresse Val d'Uina, 7554 Scuol-Sent | **Anfahrt** H27, Silvaplana–Martina, nach Scuol bei Sur En die Abfahrt nehmen und parken, von hier aus zu Fuss in rund dreieinhalb Stunden oder mit dem Mountainbike der Ausschilderung Richtung Felsenweg Val d'Uina folgen | **Tipp** Jeweils donnerstags, zwischen Ende Juni bis Ende Oktober, findet eine geführte Tour auf den Spuren der Schmuggler statt, die einst vom Vinschgau den Weg durch die Val d'Uina nahmen. www.scuol.ch

55 Der Ferngarten

Ernten – ohne jäten, giessen und düngen zu müssen

Unweit von Scuol Richtung Martina, in Crusch auf 1.200 Metern über Meer, muss der Boden besonders gut sein. Denn die Karotten gedeihen prächtig, die Salate wachsen üppig, und die Bohnenstöcke tragen viele Früchte. Wie aus dem Bilderbuch sehen die Gartenplätzchen aus, die fein säuberlich mit Täfelchen angeschrieben sind. Das liegt wohl auch an der Gärtnerin Cilgia Rauch, die den «Pflanzblätz» hegt und pflegt, als wäre es ihr eigener. Ist es auch – und doch nicht ganz. Denn die junge Frau aus Sent vermietet an diesem Ort mit gerade mal vier Häusern abseits aller Hektik Ferngärten. Schliesslich will und kann nicht jeder, der frisches, biologisch angebautes Gemüse und Kräuter liebt, auch einen eigenen Garten anlegen.

In die Bresche springt da Cilgia Rauchs Projekt «Cruschada». Das heisst, man mietet sich ein Plätzchen, wählt aus fünf verschiedenen Bepflanzungsvarianten aus und kann dann die Ernte geniessen: Karotten & Randen, Kohlraben & Spinat, Bohnen & Bohnenkraut, Karotten & Zwiebeln, Salate & Kräuter. Unbeliebte Arbeiten wie Giessen, Jäten oder Düngen überlässt man getrost der Gärtnerin. Wenn das Gemüse reif ist, bringt sie es in Sent gleich persönlich vorbei, ansonsten muss man es abholen. Man kann aber auch ein kleines freies Grundstück bei Cruschada mieten und die Gartenarbeit selbst übernehmen.

Anfangs wollte Cilgia Rauch, die das Projekt mit ihren Schwestern Tinetta und Anna 2014 lanciert hat, vor allem den Unterländern aus Chur, Zürich oder Bern ein Gartenerlebnis bieten. Doch bald merkte sie, dass vor allem Leute aus der Region und Zweitwohnungsbesitzer rege von ihrem Angebot Gebrauch machen.

Wer nicht gleich einen Ferngarten will, kann auch einfach ein Gemüseabo bestellen und jede zweite Woche frisches Saisongemüse geniessen, oder an der Hauptstrasse vor dem grünen Haus Nr. 305 vorbeischauen und dort frische Gartenprodukte kaufen, die Cilgia Rauch in ihrem eigenen Garten anbaut.

Adresse Cruschada, Crusch 305, 7554 Scuol-Sent, www.cruschada.ch | **Anfahrt** H 27, Silvaplana–Martina, von Scuol Richtung Martina bis Crusch in rund fünf Kilometern, dann links abbiegen nach Sent oder mit dem Postauto von Scuol bis zur Station Crusch, in fünf Minuten zum Garten Cruschada | **Öffnungszeiten** auf Voranmeldung | **Tipp** Weitherum sichtbar ist der Kirchturm von Sent. Er wurde von Nicolaus Hartmann geplant und 1901 fertiggestellt und ist bis heute der höchste Turm des Engadins. Der filigran wirkende, offen gestaltete Helm des Turms wird nachts beleuchtet.

56_Der Kunstpark

Das Universum von Not Vital

Das Verwirrspiel um Kunst und Realität beherrscht Not Vital perfekt. Ist der Kleinlaster mit den Tannenästen nun eines seiner verrückten Objekte? Sind die Steine in der Waldlichtung arrangiert oder eine Laune der Natur? Im «Parkin» des international bekannten Künstlers ist man sich nie ganz sicher, ob er die Betrachter nicht an der Nase herumführen will.

Der weitläufige, wilde Park eingangs von Sent birgt eine ganze Fülle seiner Kunstobjekte. Wer über die schmalen Parkwege wandelt und aufmerksam umherschaut, entdeckt sie an den unmöglichsten Orten. Manchmal sind sie auf den ersten Blick gar nicht sichtbar, wie etwa das per Knopfdruck versenkbare Haus oberhalb des Swimmingpools. Andere wie die Eselsbrücke wiederum sind nur auf eigene Gefahr begehbar. Oder sie sind so unscheinbar, dass man sie gar nicht als Kunstobjekt wahrnimmt – wie die Stange, die den Fröschen aus dem Teich helfen soll. Überraschend sind sie alle: die unsichtbare Chromstahlbrücke oder die fliegende Bühne, das Glashaus oder der behaarte Turm.

Der Park wurde in der ersten Hälfte des 20. Jahrhunderts von Luzio Crastan angelegt, einem Auswanderer, der in der Toskana mit einer Zichorienfabrik zu Geld kam. Er wollte sich hier seinen Ferien- und Alterssitz einrichten. Und so bepflanzte er den Park mit einheimischen und fremden Bäumen und Sträuchern, legte Wege, Brücken und Terrassen an und baute den halbrunden Swimmingpool. Auf der oberen Terrasse sollte eine feudale Villa entstehen. Doch es kam der Zweite Weltkrieg, und Crastans Lust, sich hier niederzulassen, verging wieder.

1999 kaufte Not Vital das Gelände und verwirklicht sich nun mit Hilfe seines Bruders Duri und anderen Helfern seinen Traum, sein persönliches Paradies. Wenn man bei einem Besuch auf der Pergola-Terrasse einen Herrn in Begleitung sitzen sieht, ist es kein Kunstobjekt – sondern der Künstler persönlich.

Adresse Parkin-Not Vital, 7554 Scuol-Sent, www.notvital.com/en/fundaziun | **Anfahrt** H 27, Silvaplana–Martina, nach Scoul Abfahrt nach Sent nehmen, vor dem Dorfeingang im Parkhaus Davo Stron parken | **Öffnungszeiten** Jeden Freitag von Juni bis Oktober ist der Park der Öffentlichkeit zugänglich, Anmeldung bis spätestens am Vortag bei Gäste-Info Sent (Tel. 081/8618829). | **Tipp** Die «Butia Schlerin» in Sent befindet sich in einem 200-jährigen Engadinerhaus mit Verkaufsladen, einem Café und auch einem Keramikmal-Atelier. Die innovativen Betreiberinnen bringen mit ihrer Linie «Sgrafits Engiadinais» die traditionellen Sgrafittis auf Keramik und Stoff. www.schlerin.ch

57 Die versteckte Orgel

Vom Odol-Besitzer zum Künstler

Das trutzige Schloss aus dem 11. Jahrhundert hoch über Tarasp könnte mit seiner wechselvollen Geschichte so manches Buch füllen. Besonders geprägt wurde es von Karl August Lingner, dem einstigen Besitzer des Mundwassers Odol. Der aus Dresden stammende Industrielle hatte Grosses vor mit dem Schloss. Nach dem Kauf liess er die heruntergekommene Festung zwischen 1907 und 1916 mit viel Detailversessenheit restaurieren. Aus allen Teilen des Alpenraums kaufte er das Inventar zusammen. Selbst sanitäre Anlagen und eine Zentralheizung liess er damals einbauen.

Als Krönung erfüllte sich der begeisterte Musiker einen Jugendtraum: eine Orgel der Dresdner Gebrüder Jehmlich. Und zwar eine richtig grosse. Dabei wirkt sie ganz bescheiden, passt der Spieltisch doch in eine kleine Nische im Musiksalon. Mit 43 Registern zählt sie indes zu den grössten Orgeln der Schweiz. Versteckt hinter einem offenen Kamin verteilen sich auf drei Etagen – darunter das frühere Schlossverlies – sechs Windladen mit rund 2.500 Pfeifen.

Nur: Der Auftraggeber spielte nie auf dieser Orgel, denn er verstarb im Jahr der Fertigstellung 1916. Bereits 1920 versagte der Orgelventilator seinen Dienst, und das Instrument versank in einen Dornröschenschlaf. Erst 1993 wurde es von der Jehmlich Orgelbau Dresden GmbH, den Nachfahren des Erbauers, im Auftrag der eigens gegründeten Fundaziun Orgel dal Chastè da Tarasp restauriert. Seither wird die Orgel mit dem romantischen Klangcharakter immer wieder vor Publikum bespielt, manchmal sogar vor dem Gesamtbundesrat.

Seit 2016 hat das Schloss einen neuen Besitzer: den international bekannten Künstler Not Vital aus Sent. Er hat hier einen Ort der kulturellen Begegnung geschaffen und das Schloss mit viel eigener Kunst und Werken aus seiner umfangreichen Sammlung ergänzt. Auch er ist angetan von der historischen Orgel und setzt sich manchmal selbst daran und spielt.

Adresse Schloss Tarasp, Sparsels, 7553 Scuol-Tarasp, www.schloss-tarasp.ch | Anfahrt H 27, Silvaplana – Martina, ab Scuol Richtung Tarasp, nach 3,5 Kilometern links nach Sparsels, nach 500 Metern parken, 250 Meter die Strasse zurück, rechts zum Schloss | Öffnungszeiten Das Schloss kann im Rahmen von öffentlichen und privaten Führungen besucht werden, Informationen unter https://notvital.ch/en/fundaziun/schloss-tarasp. | Tipp Auf einem Felsvorsprung am Westeingang von Sent thront das Wahrzeichen des Dorfes, die Ruine San Peder. Einzig der Turm ist erhalten geblieben. Im oberen Teil des Turmes befand sich einst das Dichterstübchen des romanischen Dichters Peider Lansel.

58 Das Musée bizarre

Ein rumpelnder Koffer und Skifahrer in der Badewanne

Als prallte die Neuzeit einfach ab an den Mauern dieser Festung der Musse, ist im Hotel Waldhaus die Geschichte überall greif- und hörbar: an jeder Ecke, in jeder Nische. Nicht allein, weil hier schon viele Berühmtheiten wie Beuys, Chagall, Hesse oder die Manns durch die Gänge spazierten. Im Hochzeitssaal speist man auf Stühlen von 1908, die von ihrem Komfort nichts eingebüsst haben. In der Halle lauscht man unter der hohen Stuckdecke mit den vergoldeten Kronleuchtern nachmittags den Klängen des Waldhaus-Trios aus Bratislava, wie es seit jeher Brauch war. Im ersten Stock hängt noch die Sonnerie, die dem Personal mangels Haustelefon dazu diente, die Wünsche der Gäste entgegenzunehmen. Und im Entrée des Hotels wird die Rechnung im Kassa-Raum bezahlt, wo auf der Arrivée-Tafel die Neuankommenden von Hand aufgeführt werden.

Noch konzentrierter lässt sich die Geschichte des Hauses im kleinen Museum im Keller erleben, das bei gelegentlichen Führungen zugänglich ist. Wo einst die Bäckerei und die Kohle für die Küche untergebracht waren, findet sich eine Vielzahl von Dokumenten und Gerätschaften: die Rührmaschine der Patisserie, eine zentrale Entstaubungsanlage, ein Kinderbett aus Eisengitter, alte Holz-Skis, welche die Gäste zurückgelassen haben. Wenn Alt-Direktor Urs Kienberger durch die Ausstellung führt, wird man immer wieder aufs Neue überrascht. Nicht nur von den Anekdoten, die er zu erzählen weiss, auch von allerlei Inszenierungen. Der Künstler Giuseppe Reichmuth hat mit bizarren Installationen der Ausstellung einen feinen ironischen Charakter gegeben. Da rumpelt plötzlich ein Koffer, im Backofen von 1908 stehen kleine Automobile, und aus einem alten Transistorradio hört man Klänge des Falsett singenden Bruders Jürg Kienberger. Skifahrer sausen durch die Badewanne, und im Wand-Kino kann man den Chabrol-Film «Rien ne va plus» ansehen, der hier gedreht wurde.

Adresse Hotel Waldhaus, Via da Fex 3, 7514 Sils | **Anfahrt** H 3, Silvaplana – Chiavenna, beim Kreisel Richtung Sils Maria auf die Via da Marias, dann Via da Fex | **Öffnungszeiten** für den Museumsbesuch vorgängig genaue Zeit anfragen unter Tel. 081/8385100 oder mail@waldhaus-sils.ch | **Tipp** Mitten im Dorf in der Chesa Fonio (neben dem Gemeindehaus) ist das kleine Sils-Museum eingerichtet. Dort werden Werke des Silser Malers Andrea Robbi und Wechselausstellungen zu Silser und regionalen Themen gezeigt.

59 Das Nietzsche-Haus

Unter einem Dach mit dem Philosophen

Bekommt man hier endlich alle Antworten auf das Leben? Eine Erklärung für jegliches Sein? Wird man gar zum Übermenschen wie sein Zarathustra? Der Schritt ins Nietzsche-Haus in Sils ist mit vielen Fragen behaftet. Erst recht, wenn man sich in eines der Zimmer einmietet und damit sozusagen unter einem Dach mit Friedrich Nietzsche wohnt. Näher als in diesem schlichten Engadinerhaus mit den geraniengeschmückten Fenstern und den grünen Fensterläden kommt man dem Philosophen nirgendwo.

Das Holzkämmerchen unter dem Dach ist bescheiden eingerichtet, wie es wohl schon in den Jahren 1881 bis 1888 war, als Nietzsche in der einstigen Pension Durisch wohnte. Nichts, was den Kopf unnötig ablenken könnte – ausser vielleicht die Kulisse vor dem Fenster, die schon den Mann mit dem markanten Schnurrbart inspirierte. Es gebe Gedanken, die nur an einem bestimmten Ort gedacht werden können, war er überzeugt. Zeitlebens hatte er mit den unterschiedlichen Inspirationskräften von Orten experimentiert. Sils war definitiv ein Kraftort für ihn. An der Schnittstelle «zwischen Eis und Süden», wo die Welt für ihn perfekt ausbalanciert war und die klimatischen Bedingungen seine Kopfwehattacken linderten, fand er die Inspiration für seine Gedanken.

In jeder Ecke des Hauses, das seit 1959 die Nietzsche-Stiftung beherbergt, spürt man den Geist des Philosophen – im Ausstellungsraum mit den Briefen und der Original-Totenmaske, in der Arbeitsbibliothek und erst recht im Nietzsche-Zimmer, das im Originalzustand erhalten ist. Ob es die philosophischen Gespräche während der gemeinsamen Mahlzeiten mit den Mitbewohnern sind oder die aussergewöhnliche Aura des Hauses – es erfüllt einen mit Ehrfurcht, an diesem Quell der Sinnessuche zu sein. Es würde deshalb nicht verwundern, wenn der Meister selbst, ganz im Sinne der ewigen Wiederkehr, durch die Tür hereinkäme – so allgegenwärtig ist er in diesem Haus.

Adresse Via da Marias 67, 7514 Sils, www.nietzschehaus.ch | Anfahrt H3, Silvaplana–Chiavenna, beim Kreisel Richtung Sils auf die Via da Marias zum Parkhaus, von dort in wenigen Schritten zum Nietzsche-Haus | Öffnungszeiten Museum: Mitte Juni–Mitte Okt. und Mitte Dez.–Mitte April Di–So 15–18 Uhr; Führungen jeden Mi 11.30–13.15 Uhr; Übernachtung: während der saisonalen Öffnungszeiten für Künstler, Schriftsteller und philosophisch Interessierte in einfach eingerichteten Doppelzimmern | Tipp Die wohl schönste Bibliothek der Alpen findet man in Sils: die Biblioteca Engiadinaisa. Mit Blick über den Silsersee kann man in über 23.000 Medien schmökern und sie natürlich auch ausleihen – von Wanderbüchern, über geologische Abhandlungen bis zu rätoromanischer Lyrik findet man hier alles. www.bibliotecasegl.ch

60 Das Niente-Tal

Wo Claudio Abbado Schneeflocken singen hörte

Schlicht und unauffällig ist das Urnengrab auf dem kleinen Friedhof bei Crasta im Fextal, der neben dem reformierten Kirchlein mit den Fresken aus dem 15. Jahrhundert liegt. «Claudio Abbado» steht auf der grau gemaserten Natursteinplatte, darunter Geburts- und Todestag. Würde nicht ein kleines, weisses, an den Maestro adressiertes Couvert dort liegen, könnte man es neben den anderen Urnengräbern glatt übersehen. Dabei hat hier einer der grössten Dirigenten unserer Zeit seine letzte Ruhe gefunden. Er dirigierte nicht nur die Berliner Philharmoniker und das London Symphony Orchestra, sondern auch an der Wiener Staatsoper und an der Scala in Mailand.

Nicht zufällig ruht er nun hier. Im Fextal hatte Claudio Abbado in seinem Bauernhaus und auf Spaziergängen stets die Stille gefunden, die er für die Vorbereitung auf seine Konzerte in aller Welt brauchte. «Dort herrscht Ruhe und Frieden, dort wird mir immer wieder der Sinn des Lebens bewusst», sagte er in einem Interview im Berliner Tagesspiegel über das Hochtal, in dem sich seit 100 Jahren kaum etwas verändert hat. Das auf fast 2.000 Metern über Meer gelegene Fextal ist autofrei – jedenfalls nahezu. Nur die Anwohner dürfen die Strasse benutzen. Alle anderen müssen den Weg von Sils Maria mit der Pferdekutsche oder zu Fuss zurücklegen. Ganz so, wie es Claudio Abbado am liebsten tat. Immer mal wieder konnte man ihm begegnen, wenn man den Fexbach entlang bis ganz hinten ins Tal zum Hotel Fex wanderte. Oft war der Dirigent mit seinem Freund, dem Schauspieler Bruno Ganz, unterwegs.

Im Winter, wenn das Tal noch stiller ist, soll Abbado hier sogar die Schneeflocken klingen gehört haben. Natürlich sei das nur ein Hauch, ein Nichts an Klang, meinte er gegenüber der FAZ. «In der Musik gibt es das auch. Wenn in einer Partitur ein Pianissimo vorgeschrieben ist, das bis zum ‹niente› geht.» Dieses «niente» hatte er hier oben akustisch erfahren.

Adresse Val Fex, 7514 Sils-Fextal | **Anfahrt** H 3, Silvaplana–Chiavenna, beim Kreisel Richtung Sils Dorf auf die Via da Marias bis zum Parkhaus, dann zu Fuss oder mit der Pferdekutsche ins Fextal | **Tipp** Jeweils am zweiten Sonntag im Januar wird im Engadin die Schlitteda Engiadinaisa gefeiert. Dann fährt die Dorfjugend auf reich geschmückten Pferdeschlitten von Dorf zu Dorf. Am Abend folgt der Schlitteda-Ball, um diesen Winterbrauch ausklingen zu lassen.

61_Das Kursschiff

Eine Segantineske Kreuzfahrt

Fast hätte man den bescheidenen Steg am Silsersee übersehen. Und das zweimotorige Schiff, das hier im Wasser liegt, ebenso. Dies also ist der Hafen der höchstgelegenen Kursschifflinie Europas? Es ist 10.35 Uhr und noch kein Kapitän in Sicht. Doch als Franco Giani schneidigen Schrittes um die Ecke biegt, wird klar, dass wir uns nicht getäuscht haben. Seit über 50 Jahren transportiert der Italiener die Passagiere über den grünblauen Silsersee. Giani setzt die Kapitänsmütze auf, kassiert ein und wirft Punkt 10.40 Uhr den Motor der «Segl Maria» an. Die Kreuzfahrt auf über 1.800 Metern über Meer kann beginnen.

Kaum hat Franco Giani sein Schiff aufs offene Wasser manövriert, kommt er, der «Segantini-Moment». Beim Betrachten der lichtdurchfluteten Landschaft fühlt es sich an, als wäre man Teil eines seiner Gemälde. Die Fischerboote, die da und dort auf dem See schaukeln, haben wir schon auf manchen seiner Bilder gesehen. Die Wiesen, die Berge, die Sonne ebenso. Alles liegt perfekt da, man könnte sogleich die Malpalette und Pinsel hervorholen. So muss es wohl dem Künstler ergangen sein, der diese Landschaft immer wieder auf die Leinwand gebannt hat.

Franco Giani lenkt sein Schiff in Richtung Halbinsel Chastè, und da kommt der nächste, der «Nietzsche-Moment». Auf jener Bank unter den Lärchen sass der Philosoph oft stundenlang und fand Inspiration für seine Bücher. Gemütlich tuckert der Kapitän Richtung Plaun da Lej, von wo man in einer guten halben Stunde zur Sommersiedlung Grevasalvas hochwandern könnte, die in den 1970er Jahren die Kulisse für eine Heidi-Verfilmung abgab. Doch auch Isola, dieser liebliche, verschlafene Weiler auf der anderen Seeseite, würde als Filmkulisse taugen. Und schon liegt Maloja vor uns. Ein letztes Mal spüren wir den Fahrtwind in den Haaren. Die 40-minütige Fahrt ist im Nu verflogen. Zum Glück fährt das Schiff nicht nur einmal am Tag.

Adresse Schiffsteg Sils Barchiröls, 7514 Sils Maria | Anfahrt H3, Silvaplana–Chiavenna, in Sils im Kreisverkehr erste Ausfahrt auf Via da Marias nehmen bis zum Parkhaus, von dort zu Fuss weiter auf Via da Marias bis Dorfplatz, dann auf Via da Baselgia, nach dem Café Grond links auf Chesa Cadisch bis zum Bootssteg am See | Öffnungszeiten Mitte Juni–Anfang Okt. dreimal täglich, Mitte Juli–Mitte Aug. viermal täglich; Fahrplan unter www.sils.ch oder www.engadin.stmoritz.ch | Tipp «Culur» heisst auf Romanisch nicht nur Farbe, so heisst auch ein Kunstwerk von Gottfried Honegger auf der Staumauer des Rückhaltebeckens in Maloja, des grössten dieser Art in der Schweiz. Die Installation besteht aus neun in Regenbogenfarben bemalten Säulen, die die Mauer schmücken.

62 Die Silser Kugeln

Wunderwerke aus Lärchennadeln

Fussballgross können sie manchmal werden, diese Wunderwerke aus Lärchennadeln, die man Silser Kugeln nennt. Nur in den Buchten am Ufer des Silsersees sind sie zu finden, manchmal auch etwas weiter oben am Inn, in Chamues-ch oder Madulain. Wenn die Lärchenbäume im Herbst ihre goldenen Nadeln abwerfen, bleiben diese nicht einfach am Boden liegen, sondern werden vom Malojawind in den Silsersee geweht und anschliessend wieder ans Ufer getrieben. Durch die Wellenbewegungen und das ständige Hin-und-Her-Treiben formen sich die Nadeln mit der Zeit zu kleinen, haarig aussehenden Bällen.

Fast ist es wie beim Trüffelsuchen: Das Glück, sie zu finden, ist nicht allen beschieden. Immerhin bleibt in Sils die Aussicht, dass man in einer der örtlichen Bäckereien eine süsse Spezialität gleichen Namens aus Schokolade, Marzipan und Meringues geniessen kann.

Früher einmal sollen die echten Lärchenkugeln gar das Überleben der Silser gesichert haben, berichtet eine alte Legende. Als nach einer Schneeschmelze See und Inn über die Ufer traten und das ganze Gebiet überschwemmten, waren die Bewohner von Sils im folgenden Herbst von einer grossen Hungersnot bedroht. Davon hörten die Wildleutchen, kleine Gesellen, die den Menschen Gutes taten. Auch den hungernden Silsern wollten sie helfen. Nur konnten sie weder schwimmen noch fliegen. Also suchten sie nach einer anderen Möglichkeit, Lebensmittel zu den Silsern zu bringen. Sie begannen Lärchennadeln zu sammeln, rollten stückweise Nahrungsmittel hinein und formten daraus Kugeln. Diese legten sie aufs Wasser – und liessen sie vom Malojawind über den See direkt zu den Silsern tragen. Dort freuten sich die Kinder über das neue Spielzeug. Doch kaum hatten sie die Kugeln berührt, fielen sie auseinander, und heraus kullerten die Lebensmittel. Für die alten Silser stand ausser Frage, dass diese Kugeln nur von den Wildleutchen gekommen sein konnten.

Adresse Silsersee, 7514 Sils Maria | **Anfahrt** H3, Silvaplana – Chiavenna, erste Abfahrt nach Sils, bis Parkhaus, von dort zu Fuss den ausgeschilderten Weg entlang zum Silsersee und den Buchten | **Tipp** KUBUS – das Kulturbüro Sils / Segl ist nicht nur eine Stelle für wissenschaftliche Kulturforschung, sondern führt auch Kulturwanderungen auf Nietzsches Pfaden zu Annemarie Schwarzenbach durch. Termine auf Anfrage unter www.kubus-sils.ch

63 Der Corvatsch

Wieso hier die Eiskristalle am schönsten funkeln

Sie beginnen ihr Leben ziemlich uniform und unscheinbar: als mikroskopische Wassertröpfchen in den Wolken. Wenn sie dann bei rund minus zehn Grad in der Atmosphäre zu Schneeflocken gefrieren und auf die Erde fallen, gleicht keines mehr dem andern. Zwar ordnen sich die Wassermoleküle in einem regelmässigen Kristallgitter in einer sechszähligen Symmetrie an, vergleichbar mit Bienenwaben. Doch welche Form eine Schneeflocke am Ende erhält, hängt ganz von der Temperatur in der Luft und von deren Feuchtigkeitsgehalt ab. Am schönsten sollen sie bei Temperaturen um minus 15 Grad und hoher Luftfeuchtigkeit entstehen. Unter diesen Bedingungen wachsen die Kristalle besonders schnell und in grosser Vielfalt.

Damit diese Wunderwerke der Natur auch besonders schön funkeln, müssen indes noch ein paar weitere Faktoren mitspielen. Etwa die Unterlage, die kompakt und möglichst von Permafrost unterlagert sein sollte. «Schnee erachten wir dann als besonders schön, wenn er ausserdem noch nie eine Schmelztemperatur von über null Grad hatte», weiss Felix Keller, Glaziologe, Lehrbeauftragter der ETH Zürich und Leiter des Zentrums für angewandte Glaziologie in Samedan. Ansonsten fange er an zu altern und verliere an Strahlkraft.

«Doch das schönste Eiskristall nützt nichts, wenn das Licht nicht stimmt», ergänzt Felix Keller. Und dieses muss möglichst frei von Störfaktoren wie Wasserdampf und Staub sein. So kann das Licht die Wellenlängen am besten brechen.

Deshalb sagt man, dass im Oberengadin die Eiskristalle besonders schön funkeln. Diese Voraussetzungen sind am Corvatsch bei der Zwischenstation Murtel am häufigsten und am perfektesten gegeben. «Am besten im April zwischen 9 und 10 Uhr, wenn Neuschnee liegt und das Licht absolut rein ist», empfiehlt Glaziologe Keller.

Manche sagen sogar, dass genau dieser Schnee auch zum Skifahren am besten sei.

Adresse Corvatsch-Station, 7513 Silvaplana, www.corvatsch.ch | **Anfahrt** H 27, Silvaplana–Martina, beim Kreisel Surlej auf Via Surlej und weiter bis zur Corvatsch-Talstation | **Öffnungszeiten** Mitte Juni–Mitte Okt. und Ende Nov.–Ende April | **Tipp** Im Sommer ist der Silvaplanersee ein Mekka für Segler, Surfer und Kiter, weil hier durch den Malojawind optimalste Windbedingungen herrschen. Auch für diejenigen, die sich nicht aufs Wasser wagen, ist der Anblick der vielen farbigen Segel und Windschirme ein Augenschmaus.

64 Der künstliche Wasserfall

Durch den Tunnel ins Tal

Gut, dass Ferdinand Hodler sein berühmtes Gemälde «Der Silvaplanersee im Herbst» erst im Jahr 1907 von diesem Punkt am Seeufer aus malte. Hätte er schon viel früher seine Staffelei in der Nähe des Einflusses der Ova da Surlej aufgestellt, um die wunderbare Landschaft auf die Leinwand zu bannen, wäre er vielleicht Gefahr gelaufen, von einer der schrecklichen Überschwemmungen heimgesucht zu werden. Immer wieder sind hier die Wassermassen zu Tal gedonnert und haben riesige Schäden angerichtet. Besonders heftig geschah dies 1793, als im Gebiet Margun vegl ein Stück des Corvatschgletschers abbrach und den Weiler Surlej fast vollständig zerstörte.

Nachdem anno 1868 Surlej wieder mit Geröll und Schutt bedeckt wurde, entschied man sich, eine Umleitung für die Ova da Surlej zu bauen. 1872 machte man sich an den Bau eines 80 Meter langen Felsentunnels mit einem Durchmesser von drei Metern sowie einer zusätzlichen Talsperre. So wird das Wasser seither durch einen künstlichen Tunnel zum weithin sichtbaren Wasserfall geleitet. Die Ova da Surlej wird deshalb auch Ova dal Tunnel (Tunnelbach) genannt.

Doch bereits 16 Jahre später wurde erneut ein Teil davon durch ein Hochwasser zerstört und musste neu erstellt werden. In der Gemeinde-Chronik von Arturo Reich kann man nachlesen, dass auch später noch einige Katastrophenjahre zu verzeichnen waren. Auch wenn heute die Gefahr für eine Überschwemmung gering ist, wird der Tunneleingang bei Extremregen genau beobachtet und von der Feuerwehr von allfälligen Baumstämmen befreit.

Blickt man vom Seeufer an den Wasserfall, erinnert nichts an seine Gefährlichkeit. Im Sommer kann man zu einer kleinen Aussichtsplattform mit Sitzbank und Grillstelle im oberen Teil des Wasserfalls hinaufwandern und den grandiosen Ausblick auf den Silvaplanersee geniessen. Im Winter versteckt sich der Wasserfall meist hinter einer dicken Eisschicht und er wird zum beliebten Objekt für Eiskletterer.

Adresse Ova da Surlej, 7513 Silvaplana | Anfahrt H 27, Silvaplana – Martina, in Silvaplana beim Kreisverkehr auf die Via da Surlej, gleich nach der Brücke parken, von dort in rund einer halben Stunde zu Fuss dem Wanderweg bis zur Ova da Surlej und weiter bis zum Wasserfall folgen | Tipp Pondhockey ist die Urform von Eishockey und wird auch «Chneble» genannt. Der Unterschied zum heutigen Eishockey: Es wird auf einem zugefrorenen See gespielt wie etwa in Silvaplana. Jeweils Ende Januar findet dort auch die Swiss Pondhockey Championship statt. www.pondhockey.ch

65 Das Schloss Crap da Sass

Die Dynastie der Baumeister

Es schmiegt sich in die Landschaft, als würde es schon seit vielen Jahrhunderten dort stehen: das Schlösslein Crap da Sass am Nordufer des Silvaplanersees. Dabei ist es noch verhältnismässig jung. Erbaut wurde es erst 1904–1906 von Nicolaus Hartmann im Auftrag von General Graf Bernhard Friedrich Gustav Adolf von der Lippe (1845–1919). Heute gehört es den Nachfahren von Mövenpick-Gründer Ueli Prager.

In Sachen Engadiner Architektur kommt man um den Namen Hartmann nicht herum, wie auch das Buch «Baumeister in Graubünden» von Kristiana Hartmann, Bauhistorikerin und Nachfahrin der Architektenfamilie, dokumentiert. Er ist sozusagen der Inbegriff der Baukultur des Engadins – ob Bahnstationen, Museen, Kirchen, Hotels, Privat- oder Schulhäuser. Die zahlreichen Bauten gehen freilich nicht auf einen einzigen Hartmann-Architekten zurück, sondern auf eine ganze Dynastie: Nicolaus Hartmann I. (1799–1882), Nicolaus Hartmann II. (1838–1903) und Nicolaus Hartmann III. (1880–1956). Doch prägend fürs Engadin sind insbesondere die Bauten von Nicolaus Hartmann III., der auch Crap da Sass baute. Während sein Grossvater, der aus einer bäuerlich-ländlichen Familie stammte, einen einfachen Schreinerbetrieb führte, konnte sein Vater – nach langjährigem Aufenthalt in einem Waisenhaus – auf Mentoren zählen, die ihn förderten. Hartmann III. allerdings war das Glück beschieden, hoch angesehene Schulen besuchen zu können – wie die École d'Industrie in Lausanne oder die Technische Universität Stuttgart, wo er Schüler des bedeutenden Architekten und Stadtplaners Theodor Fischer war.

In fast jedem Dorf hinterliess Hartmann III. seine architektonischen Spuren, die von regionalen Bauformen und handwerklichen Traditionen geprägt sind: in Sils mit den Hotels Margna und Alpenrose, auf dem Bernina mit dem Bahnhofsgebäude Bernina Hospiz und der Alp Grüm, in St. Moritz-Bad mit der Reithalle, weiter oben im Dorf mit dem Engadiner und dem Segantini-Museum.

Adresse Crap da Sass, Via dal Chastè 1, 7513 Silvaplana | **Anfahrt** H 27, Silvaplana–Martina, in Silvaplana im Kreisverkehr dritte Ausfahrt auf Via da Surlej nehmen, Parkplätze linker Hand | **Öffnungszeiten** Das Schloss ist in Privatbesitz und kann nur von aussen besichtigt werden. | **Tipp** Die Bergstation Corvatsch auf 3303 Metern über Meer beherbergt die höchstgelegene Whisky- und Gin-Destillerie der Welt. An Führungen kann man die ORMA Whisky-Brennerei besichtigen und die exklusiven Tropfen auch degustieren. www.ormawhisky.ch

66 Die Badrutt-Stüva

Auf den Spuren des Wintertourismus-Begründers

Es mag Schicksal gewesen sein, dass seine Frau Maria genau auf der Treppe der Pension Faller stolperte und hinfiel. Doch Johannes Badrutt nahm es als Zeichen und soll gesagt haben: «Wo du hinfällst, wollen wir bleiben.» Sie hatte sich einen guten Ort ausgesucht. Denn die Pension stand am sonnigsten Punkt von St. Moritz: Dort, wo heute noch das Kulm Hotel steht. Badrutt war für den Ort ein Glücksfall, denn er soll ein vorausblickender Hotelier gewesen sein, der an die gute und heilende Kraft der Luft, der Sonne und des Wassers von St. Moritz glaubte – und ein Anhänger der Technik war.

So mochte er wohl viele Stunden in der getäferten Arvenholzstube mit dem Specksteinofen verbracht haben. Sie ist heute noch in ihrem Urzustand erhalten und kann auf Anfrage besucht und sogar für ein «Private Dining» oder als Zimmer gebucht werden.

Der Blick ging direkt auf die Strasse und den Hoteleingang, sodass Badrutt immer wusste, wer anreiste. In der Stube heckte der innovative Hotelier so manche Geschäftsidee aus. Heutzutage hätte man ihn wohl zum Unternehmer des Jahrhunderts gekürt. Er war es nämlich, der 1864 die Engländer im Winter vom nebligen London ins sonnige St. Moritz lockte, indem er ihnen versprach, dass sie gratis wohnen könnten, wenn es ihnen nicht gefiele. Sie blieben bis März und kehrten braun gebrannt und zufrieden nach Hause zurück. Der Wintertourismus war begründet und das «Kulm» das erste Winterresort der Welt.

Badrutts «Kulm» stand noch für weitere Innovationen. Eine Reise zur Weltausstellung in Paris inspirierte ihn dazu, in St. Moritz ein kleines Kraftwerk zu bauen, um Strom für drei Bogenlampen zu erzeugen. So war sein Haus anno 1879 das erste Schweizer Hotel mit elektrischem Licht. Die alten Lampen bestehen heute leider nicht mehr. Aber dafür kann man in der Badruttstube immer noch ein bisschen den Innovationsgeist des Hotelgründers spüren.

Adresse Kulm Hotel, Via Veglia 18, 7500 St. Moritz, www.kulm.com | **Anfahrt** H 27, Silvaplana – Martina, Abfahrt auf Via Arona, dann auf Via Traunter plazzas und Via Maistra | **Öffnungszeiten** Die Badruttstube kann auf Anfrage besucht oder gebucht werden. | **Tipp** Seit der Ski-Weltmeisterschaft 2017 erstrahlt der mehr als 110 Jahre alte Kulm Country Club im Park des Hotels – umgebaut von Sir Norman Foster – in neuem Glanz. Dort fand bereits während der Olympischen Spiele 1928 und 1948 die Medaillenvergabe statt.

67 Die Chesa Futura

Niere, Kürbis oder Ufo?

Wie gefangen steht sie zwischen all den Häusern im Alpin Chic mit Erkerchen und aufgemaltem Sgraffito: die Chesa Futura. Doch sie behauptet sich tapfer gegen die Engadiner Wohntradition am Hang über St. Moritz. Fährt man mit der Corviglia-Bahn den Berg hinauf oder hinunter, kann man nur kurz einen Blick auf sie erhaschen. Wer die Dimensionen und die Strahlkraft von Lord Norman Fosters erstem Holzbau entdecken und erfahren will, muss sich leibhaftig vor das gewaltige Haus stellen. Nur ein paar Schritte neben der Talstation der Corviglia-Bahn führt die Truoch Stredas hoch zur Chesa Futura.

Seit das Haus 2004 fertiggestellt wurde, erhitzt die blasenartige Form die Gemüter. Für die einen ist sie eine Architektur-Ikone, für die anderen ein Schandmal. Um Vergleiche ist man dabei nicht verlegen. Was die Chesa Futura eigentlich darstellt, ist einerlei – ob Niere, Kürbis oder Ufo. Die Antwort ist eher eine Frage der Position. Von oben sieht das Wohnhaus aus wie eine Niere, von der Seite wie ein Kürbis und von unten wie ein Ufo, das abzuheben scheint. Es ist nicht allein die Form, die etwas quer in der Landschaft steht, es ist auch das verwendete Material, das für das Oberengadin eher untypisch ist – nämlich Holz. Seit den grossen Dorfbränden im 19. und 20. Jahrhundert baut man die Engadinerhäuser vornehmlich aus Stein.

Bei der Chesa Futura ist der Baukörper aus naturbelassenen, kleinflächigen Schindeln gefertigt, die auf acht schräg geneigten, rund drei Meter hohen Stützen stehen. Insgesamt 250.000 handgeschnitzte, einheimische Lärchenschindeln sollen es sein. Noch dazu mussten sie von Bäumen sein, die auf derselben Höhe – also auf rund 2.000 Metern – gewachsen sind.

Dass hier die Witterung über die Jahre ihre Spuren hinterlassen hat, mag vielleicht manche stören. Doch genau der hieraus entstandene Anblick aus oben grau und unten braun gibt dem Haus einen zusätzlichen Reiz.

Adresse Chesa Futura, Ecke Via Tinus/Truoch Stredas, 7500 St. Moritz | Anfahrt H 27, Silvaplana–Martina, Abfahrt auf Via Arona, dann auf Via Traunter plazzas bis Parkhaus Quadrellas, weiter zu Fuss Via da l'Alp und Via Stredas zur Truoch Stredas | Tipp In St. Moritz steht noch eine Architektur-Ikone, das einzige Bauwerk des brasilianischen Architekten Oscar Niemeyer in der Schweiz: das auffällige schneeweisse Atelier- und Wohnhaus des Fotografen Florio Puenter – am Hang über dem St. Moritzersee in der Nähe des Hotels Waldhaus am See.

68 Der Cresta Run

Das Sicherheitsventil in der Shuttlecock-Kurve

Mit einer Schussfahrt auf dem Cresta Run soll der Militärpilot Andrew D. Green seine Fahrt am Steuer des High-Speed-Mobils Thrust-Supersonic einst verglichen haben. Der Staffelkommandant der britischen Royal Air Force liebte den Temporausch, hatte er doch mit seinem Wagen 1997 in der Wüste von Nevada als erster Mensch die Schallmauer durchbrochen. Kein Wunder, dass der Eiskanal im Dorfteil Cresta für Tempo-Liebhaber das höchste der Gefühle ist.

1884 von sportverrückten Engländern erfunden, braust man hier bäuchlings auf einem Skeleton-ähnlichen Schlitten mit Spitzengeschwindigkeiten bis zu 140 Kilometer pro Stunde den Eiskanal hinunter. Bis heute wird im «St. Moritz Tobogganing Club» («toboggan»: Englisch für Schlitten) ausschliesslich Englisch gesprochen. Ab dem Jahre 1929 wurden Frauen wegen angeblichem «Brustkrebs-Risiko» vom Run ausgeschlossen. Heute dürfen sie immerhin am Ladies Day den Run benützen.

Es gibt zwei Startpunkte: die volle Streckenlänge für Habitués beim «Top» oder die für Anfänger um ein Drittel verkürzte Strecke beim «Junction». Letztere werden übrigens vor der Jungfernfahrt im Clubhaus mit einer Collage aus Röntgenbildern von gebrochenen Knochen mit den möglichen Risiken und Nebenwirkungen des Sports vertraut gemacht.

Insbesondere die Shuttlecock-Kurve (Federball) hat es in sich. Sie dient sozusagen als Sicherheitsventil für zu schnelle, unkontrollierte Schlitten, damit diese nicht in die noch gefährlicheren unteren Kurven gelangen. Hier haben die Bahnbauer – ein gutes Dutzend kräftiger Männer aus dem Veltlin und aus Portugal – besonders viel Stroh ausgelegt, damit die Landung nicht allzu hart ausfällt. Es ist allerdings eher ein Gentleman-Delikt als eine wirkliche Schmach, auf dem weichen Stroh zu landen. Wer nämlich an dieser Stelle aus der Bahn fliegt, wird sogar geadelt: Er bekommt eine Krawatte und wird automatisch Mitglied des legendären Shuttlecock-Clubs.

Adresse Cresta Run, Via Ruinatsch, 7500 St. Moritz, www.cresta-run.com | Anfahrt H 27, Silvaplana – Martina, in St. Moritz-Bad im Kreisverkehr dritte Ausfahrt auf Via dal Bagn, nach 1,1 Kilometern im Kreisverkehr zweite Ausfahrt auf Via Traunter plazzas, weiter auf Via Mulin und Plazza da Scoula, weiter auf Plazza dal Mulin, die zur Via Maistra wird, nach 700 Metern links auf Via Ruinatsch | Öffnungszeiten Mitte Dez. – Anfang März, Veranstaltungen siehe Homepage | Tipp Nur wenige Schritte neben dem Cresta Run liegt der St. Moritzer Bob Run an der Via Maistra. Nicht nur im Winter lohnt sich ein Besuch des Runs. Beeindruckend ist es, im Sommer auf dem Weg entlang der Bahn zu wandern.

69__Der Dracula-Club

Im Reich der obersten Zehntausend

Um den Club, der für das St. Moritzer Nachtleben schlechthin steht, ranken sich viele Mythen. Der Dracula-Club ist schliesslich eine gesellschaftliche Institution des Nobelortes. Gegründet wurde er 1974 von Gunter Sachs, einer der schillerndsten Persönlichkeiten Ende des 20. Jahrhunderts. Inzwischen wird er von Sachs' Sohn Rolf geführt. Es soll auch heute noch hoch zu- und hergehen auf den exklusiven Partys, wie die Regenbogenpresse kolportiert. Man braucht freilich das nötige Kleingeld, um Mitglied zu werden – und wohl auch die richtigen Beziehungen.

Von aussen wirkt das Gebäude bei der Bobbahn im oberen Dorfteil von St. Moritz nicht besonders mondän, eher wie eine Mischung aus Blockhaus und Burg. Das Interieur mit den Holzböden und Balken erinnert an eine überdimensionierte Alphütte – mit roten Lämpchen, rustikalem Cheminée und Plüschsesseln. Und überall prangt natürlich das Vampir-Signet – an den Lehnen der Holz-Stabellen oder über dem Eingang.

Seit 2009 gibt es auch für Normalsterbliche die Möglichkeit, den exklusiven Club zu besuchen: Im Sommer, wenn das «Festival da Jazz» nationale und internationale Musiker ins Engadin bringt, finden auch einige Konzerte im Dracula-Club statt. Eine Bühne gibt es hier allerdings ebenso wenig wie nummerierte Plätze. Das Publikum verteilt sich im Hauptraum auf den Plüschsesseln und auf dem schmalen Balkon. Manche bleiben auch stehen und geniessen die auftretenden Künstler aus nächster Nähe. Nur rund 150 Personen fasst der Raum, der laut Rolf Sachs akustisch wie eine «Miniatur-Scala für Jazz» sei – «eine Mischung aus Skihütte und Opernhaus». Das macht auch das Spezielle, Intime des Festivals aus. «Wo sonst kann man Diana Krall oder Al di Meola so hautnah erleben», schwärmen die Organisatoren des von Christian Jott Jenny, Künstler, Tenor und mittlerweile auch Gemeindepräsident von St. Moritz, ins Leben gerufenen «Festival da Jazz».

Adresse Dracula-Club, Via Maistra 54, 7500 St. Moritz | **Anfahrt** H 27, Silvaplana–Martina, in St. Moritz-Bad beim Kreisverkehr dritte Ausfahrt auf Via dal Bagn, nach 1,1 Kilometer im Kreisverkehr zweite Ausfahrt auf Via Traunter plazzas nehmen, bis Plazza da Scoula und weiter auf Plazza dal Mulin und auf Via Maistra, nach 550 Metern rechts abbiegen | **Öffnungszeiten** für Nicht-Clubmitglieder nur während des «Festival da Jazz» von innen zu sehen | **Tipp** Auch wenn man nicht das dicke Portemonnaie dabeihat, muss man in St. Moritz einmal durch die Shoppingmeile Via Serlas flanieren. Von Armani über Hermès und Gucci bis Louis Vuitton und Zegna findet man hier fast sämtliche Weltmarken auf kleinstem Raum versammelt.

70_Die eingesperrte Quelle

Das älteste Holzbauwerk Europas

Fast wie bei einem Geysir blubbert es erst ganz fein, dann werden die Bläschen immer grösser, bis endlich ein Strahl aus dem Quellstein spritzt. Nur dass hier das Wasser nicht heiss, sondern perlend kühl herauskommt. Köstlichstes Mineralwasser, leicht säuerlich und angenehm zu trinken.

Wir stehen in der ehemaligen «Trinkhalle», in dem von Ruch & Partner Architekten restaurierten Forum Paracelsus aus dem Jahr 1866, das etwas zurückversetzt zwischen dem neuen Hallenbad Ovaverva und dem Medizinischen Zentrum Heilbad in St. Moritz-Bad liegt. Dabei ist der Ort von grösster historischer Bedeutung und nicht zuletzt der Grund für den Aufstieg der einstigen Bauernsiedlung San Murezzan zum internationalen Hotspot St. Moritz. In dem Ausstellungsraum, den man durch einen mit erdig-rotem Sichtbeton gestalteten, schmalen Gang betritt, steht geschützt hinter Glas eine Weltsensation: die prähistorische Fassung der St. Moritzer Mauritius-Heilquelle. Sie besteht aus zwei ausgehöhlten Lärchenstämmen, die von zwei Holzkästen umgeben sind. Innen ist es ein sogenannter Bohlenbau, aussen ein Blockbau.

Nach den neuesten Untersuchungen soll die Fassung aus dem Jahr 1411 vor Christus stammen. Schon die Menschen der Bronzezeit hatten erkannt, dass dieses aus dem Boden sprudelnde Wasser wertvoll ist. Zu weltweiter Bekanntheit kam die St. Moritzer Quelle dann im Mittelalter. Papst Leo X. organisierte Prozessionen hierhin, der Arzt Paracelsus lobte sie als «den besten Sauerbrunnen Europas». In der Belle Époque pilgerten die Gäste mit dem Aufkommen des Tourismus schliesslich massenweise ins Oberengadin, wie man an den Hörstationen zur Geschichte der St. Moritzer Bädertradition erfährt. Die Mauritius-Quellfassung hat man erst 1907 wieder ausgegraben und sie anhand der Jahresringe untersuchen lassen, zuletzt 2013. Und siehe da: Die Engadiner Ur-Quellfassung gilt als das älteste Holzbauwerk Europas.

Adresse Forum Paracelsus, Plazza Paracelsus, 7500 St. Moritz | **Anfahrt** H27, Silvaplana–Martina, am Kreisel St. Moritz-Bad ab auf Via Sela, dann rechts auf Via Surpunt und weiter auf Via Mezdi bis Hallenbad Ovaverva, ab hier zu Fuss bis zum Forum | **Öffnungszeiten** täglich 7–20 Uhr | **Tipp** An der Plazza da Scoula in St. Moritz befindet sich das 1886 erbaute Alte Schulhaus mit der eindrücklichen Fassade. Heute ist darin die Leih- und Dokumentationsbibliothek untergebracht.

71 Das Himmelzimmer

In der ehemaligen Sternwarte kann man übernachten

Sternengucker werden sich an diesem Ort am berühmten Suvretta-Hang in St. Moritz wie im siebten Himmel fühlen. Genau sieben steile Stufen muss man erklimmen, dann steht man in der historischen Sternwarte aus dem Jahr 1924. Es kommt noch besser: Diese ist seit 2020 auch ein Erlebniszimmer.

Viele Jahre stand die Kuppel der Sternwarte, die zum Berghotel Randolins gehört, leer. Als Schweiz Tourismus das Projekt «Million Stars Hotel» lancierte, war für Hotelier Stephan Amsler der Moment gekommen, diese aus dem Dornröschenschlaf zu wecken. Also wurde der Raum unter der Kuppel vollständig renoviert. Nun steht anstelle des antiken Newton-Teleskops ein gemütliches Doppelbett im Raum. Die Kuppel lässt sich wie anno dazumal mit einer Kurbel aufdrehen – und schon hat man das Panorama vom Piz Languard bis zum Piz Julier im Blickfeld. Die Öffnung ist zwar schmal, aber die gesamte Kuppel lässt sich per Knopfdruck bis 180 Grad drehen. Am besten sehe man die Sterne bei Leermond. «Und auch Sternschnuppen beobachtet man bei klarem Himmel des Öfteren», versichert Amsler.

Es war der Elsässer Apotheker René Adolphe Schwaller Lubricz, der 1924 am damals noch unbebauten Suvretta-Hang sein wissenschaftliches Zentrum «Suhalia» aufbaute – samt einer Sternwarte. Physiker, Mediziner, Astronomen, aber auch Künstler aus ganz Europa gingen hier ein und aus. Man erzählt, dass das Institut «Suhalia» ein Patent für ein «unsinkbares Schiff» anmeldete und im heutigen Ski-Raum der Chesa Margna Araberhengste gezüchtet wurden. Alles nicht sehr erfolgreich. In der Nachkriegszeit führte der «Verein für evangelische Heimstätten» die fünf Häuser. Inzwischen gehören sie der «Stiftung Zentrum Randolins, St. Moritz», die in den letzten Jahren kräftig investierte, so dass heute im Berghotel Randolins die Gäste, vorab Familien, von den Annehmlichkeiten eines Dreisternehotels profitieren – und von einem ganz besonderen Himmel-Zimmer.

Adresse Berghotel Randolins, Via Curtins 2, 7500 St. Moritz, www.randolins.ch/sternwarte | **Anfahrt** H 27, Silvaplana – Martina, am Lej da Champfèr die erste Strasse links Richtung Champfèr / Suvretta auf die Via Maistra abbiegen, weiter auf Via Somplaz, nach 1,5 Kilometer scharf links auf Via Suvretta, nach 1,3 km leicht links abbiegen auf Via Curtins | **Öffnungszeiten** Ende Juni – Ende Okt. und Anfang Dez. – Anfang April | **Tipp** St. Moritz mit seinen 1.856 Metern über Meer zieht jedes Jahr Weltklasse-Athleten ins Engadin, besonders Ausdauersportler. Sie bereiten sich auf dieser Höhe auf ihre Wettkämpfe vor und schwören auf den «Sauerstoffmangel», der ihren Körper zu besseren Leistungen führt. Und so sieht man viele Sportler auf der Rennbahn in St. Moritz-Bad oder um den St. Moritzersee trainieren.

72 Das Kaviar-Stübli

Versteckte Perlen im Spezialitätenladen

KTK klingt wie eine verschwörerische Abkürzung, steht aber bei Glattfelder ganz einfach für Kaffee, Tee und Kaviar. Wer das Spezialitätengeschäft finden will, kann sich ganz auf den Duft von frisch gemahlenem Kaffee verlassen. Dieser weist sozusagen den Weg von der Fussgängerzone von St. Moritz zum versteckt gelegenen Geschäft.

Doch hier werden nicht nur edle Arabica-Kaffeemischungen von den Hochebenen Lateinamerikas, aus Brasilien, Indien und Indonesien zusammengestellt. Vor den Regalen hat auch der Teeliebhaber die Qual der Wahl: Assam oder Arve? Earl Grey oder Edelweiss? Mithi Chai oder Morgenzauber? In eleganten Schächtelchen werden die Teesorten wie Schmuckstücke präsentiert.

Und dann natürlich der Kaviar, ein Produkt, das im kosmopolitischen St. Moritz viele Freunde hat. Beluga aus Italien oder Oscietre aus China stehen in der Vitrine. Wer schon mal 2.000 Franken für 500 Gramm ausgeben will, möchte die teure Köstlichkeit natürlich auch vorher probieren. Alles kein Problem, bei Glattfelder gibt es nämlich das kleinste Restaurant in der Umgebung. Das Kaviar-Stübli verfügt über gerade mal vier Tische. Unter einem Wandbild mit einer Seenlandschaft serviert das Personal die edlen Perlen – natürlich mit frischem Toastbrot, Champagner oder Wodka, letzterer ein Eigenbrand aus dem Val Müstair.

Ein Kaviar-Stübli gab es übrigens schon, als James Glattfelder 1931 nur ein paar Meter entfernt im sogenannten «grünen Haus» ein Lebensmittelgeschäft eröffnete. Während dieser Zeit war es nicht opportun, etwas so Teures wie Kaviar öffentlich zu essen. Also zog man sich ins Stübli zurück. Vor allem während der Kriegsjahre, wie Alice Bührer, die Enkelin des Firmengründers und heutige Geschäftsführerin, erzählt. Und man sagt, dass die deutschen Spione hier genau beobachtet hätten, wer sich bei Glattfelder Kaviar leisten konnte.

Adresse Glattfelder, Via Maistra 3, 7500 St. Moritz, www.glattfelder.ch | Anfahrt H 27, Silvaplana – Martina, Ausfahrt St. Moritz-Dorf auf Via Serlas nach Nordosten Richtung Plazza da la Staziun, beim Kreisverkehr erste Ausfahrt auf Via Traunter plazzas nehmen | Öffnungszeiten Mo – Sa 9 – 12 und 14 – 18.30 Uhr | Tipp Es gibt viele Orte im Engadin, die dem grossen Alpenmaler Giovanni Segantini huldigen. Besonders eindrücklich ist aber das Segantini Museum an der Via Somplaz in St. Moritz, das sein monumentales Alpentriptychon «La vita – la natura – la morte» («Werden – Sein – Vergehen») so perfekt in Szene setzt. www.segantini-museum.ch

73 Der Madonna-Saal

Raffaels Original oder Kopie?

Heute sind es exotische Wellness-Angebote oder eine ausserordentliche Sterneküche, die die Gäste in die Hotels locken. Während der Belle Époque versuchten sich die Hoteliers nicht nur mit fliessendem warmen Wasser oder elektrischem Licht von der Konkurrenz abzuheben. Unter ihrem Dach sollten sich die Gäste auch beschützt fühlen. Also hingen in den Hotelräumen überall Heiligenbilder. Damit bewies man den Gästen auch, dass einem die Kunst am Herzen lag.

Ein besonders guter Kauf gelang Johannes Badrutt 1886 mit der Assomptione von Raffael aus dem 16. Jahrhundert, die er von Verwandten aus der Emilia erstand: Eine Madonna mit Knaben, links von ihr der heilige Papst Sixtus, rechts davon die heilige Barbara. Das Bild war in so schlechtem Zustand, dass es unterwegs restauriert werden musste und erst im späten Frühling 1888 nach St. Moritz gelangte. Am 1. August desselben Jahres schreibt Sohn Caspar Badrutt an seine Frau: «Die Madonna macht geradezu ein Aufsehen, dass in den Hotels hier & Pontresina von nichts anderem gesprochen wird.»

Kunsthistoriker streiten sich bis heute, ob das Madonnengemälde nun das Original oder eine Kopie von Girolamo da Carpi sei. Ein fast identisches Werk befindet sich nämlich in der Königlichen Galerie von Dresden, die «Sixtinische Madonna». Beide sind auf Leinwand gemalt – die Dresdner Madonna auf einer zusammengenähten groben, die Assomptione auf einem einzelnen Stück Damast. Da Raffael ein Perfektionist war, ist es gut möglich, dass die Madonna von St. Moritz das Original ist.

Inzwischen ist sie fast etwas in Vergessenheit geraten, hängt aber noch heute im Bibliothekssaal des Badrutt's Palace. Dieser Saal wurde eigens für das Gemälde massgeschneidert. Wer einen Blick auf den unteren Teil des Bildes wirft, kommt ins Staunen: Zwei niedliche Engel weilen zu Füssen der Madonna, die noch heute als raffaelitische Putten beliebte Motive zu Weihnachten sind.

Adresse Badrutt's Palace Hotel, Via Serlas 27, 7500 St. Moritz, www.badruttspalace.com | **Anfahrt** H 27, Silvaplana – Martina, Abfahrt beim Kreisel auf Via Serlas | **Öffnungszeiten** Von Anfang Dez. – Ende März und von Ende Juni – Anfang Sept. kann die Assomptione von Raffael im Bibliothekssaal besichtigt werden. | **Tipp** Etwas im Schatten des Segantini-Museums steht das Berry-Museum, das dem Kurarzt und Maler Peter Robert Berry (1864 – 1942) gewidmet ist. Hier sind nicht nur in über 40 Jahren entstandene Gemälde und Zeichnungen zu sehen, sondern auch sein umfangreicher und kulturwissenschaftlich bedeutender Nachlass, bestehend aus Büchern, Briefen, Musikalien und Broschüren zur Gründung und Entwicklung des Kurortes St. Moritz. www.berrymuseum.com

74_Die Maloja-Schlange

Ein einzigartiges Wetterphänomen

Man muss den richtigen Moment erwischen – morgens vor dem Sonnenaufgang oder noch besser abends nach dem Sonnenuntergang. «Am schönsten ist sie im Herbst, wenn die Lärchen gelb sind», schwärmt Meteorologe Alfred Riederer aus St. Moritz. Dann kann man dieses schmale, lange Wolkenband sehen, das den Namen «Maloja-Schlange» trägt, weil es an das Reptil erinnert. Nicht nur Meteorologen sind davon fasziniert, auch Schriftsteller wie Friedrich Nietzsche oder Hermann Hesse. Oder der Filmer Olivier Assayas. In seinem Drama «Die Wolken von Sils Maria» von 2014 spielt das mystische Wolkenband gar die Hauptrolle.

Dabei bekommt man dieses einzigartige Wetterphänomen nur selten zu sehen. Denn es braucht einige Faktoren, damit es überhaupt entstehen kann. Zuerst einmal muss der Talwind im Bergell feuchte, warme Luft Richtung Malojapass bringen, die am Südhang rechts des Passes aufsteigt und sich mit der höher gelegenen, kühleren Weströmung mischt. So bildet sich eine Wolke, welche sich am Südhang des Oberengadins mit der leichten Westbrise talabwärts bis über den Stazerwald hinausbewegt. Dort wird der «Schlangenkopf» aufgehalten und verweilt rund 20 Minuten, bevor er sich durch den nach Sonnenuntergang aufkommenden Talwind im Bergell wieder Richtung Maloja zurückzieht.

Am besten setzt man sich für dieses Naturschauspiel auf die Alp Nova östlich des Corviglia-Hangs über St. Moritz. Von hier aus hat man den freien Blick von Maloja bis nach Zuoz und kann den Weg der Schlange verfolgen. Während der Südstau ein Schlechtwetterphänomen ist, bringt die Maloja-Schlange keinen Regen, auch wenn ein Engadiner Spruch lautet: «La serp de Malögia porta plövgia.» («Die Maloja-Schlange bringt Regen.») Wieso es dieses Phänomen nur im Oberengadin gibt? Das Tal ist das einzige der Welt, das von Südwesten nach Nordosten verläuft und im Normalfall der Fluss und der Maloja-Wind tagsüber in gleicher Richtung fliesst.

Adresse Alp Nova, 7500 St. Moritz | **Anfahrt** H 27, Silvaplana – Martina, nach dem Kreisel Parkhaus Serletta nehmen, von dort zu Fuss auf Via Serlas zur Corviglia-Bahnstation, Fahrt bis Corviglia, Beschilderung zur Alp Nova folgen | **Tipp** Ein Kulturort par excellence ist das Hotel Laudinella in St. Moritz-Bad. 1956 als Genossenschaft gegründet, um für die damals beliebten Singlager eine Unterkunft zu erhalten, organisiert das Hotel heute das ganze Jahr über Konzerte, Lesungen, Ausstellungen, Vorträge und Filmabende. www.laudinella.ch

75 Das Mili-Weber-Haus

Das Gesamtkunstwerk im Wald

Bäili, Munggeli und Chuzli hätten heute noch ihre Freude – die drei Bären, die Mili Weber (1891 – 1978) immer wieder auf die Leinwand gezaubert hatte und die sie abenteuerliche Geschichten erleben liess. Denn sie würden sehen, dass das Wohnhaus und Atelier oberhalb des St. Moritzersees auch nach dem Tod der Künstlerin, Komponistin und Schriftstellerin weiterlebt.

In dem von Mili Webers Bruder Emil erbauten Haus hat die begnadete Künstlerin fast auf jedem Zentimeter ihre Bilder hinterlassen – auf den Schränken, auf der Hausorgel, an den Wänden und selbst an der Decke. Zum Beispiel im Schlosszimmer, wo sie die vier Jahreszeiten in dreijähriger Arbeit an die Decke gebannt hat. Mitten im Raum steht das «Schloss», eine riesige Puppenstube mit einer von Mili Weber erdachten Familiengeschichte, mit bis ins kleinste Detail ausgestatteten Zimmern. Diese Geschichten sind Zeugnis der Lebensphilosophie, das Schloss ein Hauptwerk der Künstlerin. Und wo im Haus die Wände nicht bemalt sind, hängen ihre Bilder: filigrane Aquarelle und tiefsinnige Bildgeschichten. Blumenblätter und Baumfrüchte werden zu tanzenden und spielenden Kindern, Fliegenpilze zu kecken Mützchen, Erbsen zu Schiffchen.

Und doch hat sich in den letzten Jahren im Haus einiges verändert. Seit einer sanften Renovation bekommen auch Milis Geschwister einen Platz. Anna Haller etwa, die Halbschwester, die selbst Künstlerin war und Mili stets förderte. Oder Bruder Emil, der sein halbes Leben als Architekt und Möbelschreiner bei Nicolaus Hartmann Junior arbeitete. Und ebenso der früh verstorbene Bildhauer Otto Weber. «Die Familie war ein richtiger Familienclan. Kultur, Kunst, Musik und Literatur spielte bei ihnen eine wichtige Rolle», betont Museumsleiterin Sibylla Degiacomi. Und so ist das Haus heute ein facettenreiches, familiäres Gesamtkunstwerk, das die Spuren aller Bewohnerinnen und Bewohner beleuchtet.

Adresse Mili-Weber-Haus, Via Dimlej 35, 7500 St. Moritz, www.miliweber.ch | Anfahrt H 27, Silvaplana – Martina, beim Bahnhof St. Moritz rechts abbiegen auf Via Dimlej, auf den Parkplatz, von hier zu Fuss in circa zwanzig Minuten zum Museum | Öffnungszeiten Führungen in der Hauptsaison Mi – So jeweils 14.15 und 15.45 Uhr, Zwischensaison Mi, Fr jeweils 14.15 Uhr, nur mit vorheriger Reservation unter Tel. 079/5399777 oder info@miliweber.ch | Tipp Der SchellenUrsli ist zwar aus Guarda, doch auch in St. Moritz ist er präsent. Von der Mittelstation der Corviglia-Bahn führt von Salastrains ein Schellen-Ursli-Weg zur Heidihütte und weiter zurück nach St. Moritz-Dorf und erzählt mit Bildern und Holzskulpturen die Geschichte des berühmten Bilderbuchs.

76 Die noble Herberge des Fuchses Fix

Das Foto- und Filmmodell vom Suvrettahang

Es war einmal ein Fuchs namens Fix, der lieber in einem Stall am St. Moritzer Suvrettahang lebte als in der freien Natur. Und statt den Hühnern nachzujagen, posierte er lieber vor der Kamera. Das ist kein Märchen, sondern die Geschichte eines jungen Fuchses, der einst von seinen Eltern verstossen und dann von Menschenhand mit Milch aufgepäppelt worden ist. Irgendwann kam er zu Albert Mächler, der ihm an der weltweit sechstteuersten Adresse, an der Via Suvretta in St. Moritz, ein Gehege baute. Fix darf sich wohl als einziger Fuchs der Welt damit rühmen, zeitweise der legitime Nachbar des ehemaligen italienischen Ministerpräsidenten Silvio Berlusconi gewesen zu sein. Dort hatte Fuchs Fix ein komfortables Schlaflager, das im Winter sogar mit einer elektrischen Schlafdecke gewärmt wurde, weil er sonst die arktischen Temperaturen des Engadins nicht überlebt hätte. So wurde der handzahme Rotrock sagenhafte 13 Jahre und drei Monate alt, womit er nachweislich der älteste Fuchs der Schweiz war.

Weil Fix so sehr an Menschen gewöhnt war, stand er immer wieder vor der Kamera – sei es für seinen Besitzer, den Tierfotografen Albert Mächler, für Kinofilme wie «Das Geheimnis des Waldes» oder für Fernsehdokumentarfilme wie «Netz Natur».

Besuchen kann man das Foto- und Filmmodell auf vier Beinen leider nicht mehr. Fuchs Fix ist mittlerweile verstorben. Aber er lebt als Hauptfigur des Kinderbuches «Fix und Flori» weiter, das Mächler herausgegeben hat. Angelehnt an das «Heidi»-Buch von Johanna Spyri wird darin die Geschichte des Waisenknaben Flori und des ausgestossenen Fuches Fix erzählt, die zusammen allerhand Abenteuer erleben.

Die Geschichte um Fuchs Fix zieht nicht nur Kinder in ihren Bann. Auch die Confiseur Läderach AG war begeistert vom süssen Fuchs und hat kurzerhand eine Schoko-Figur kreiert, die man in allen Filialen kaufen – und geniessen – kann.

Adresse Via Suvretta, 7500 St. Moritz | **Anfahrt** H 27, Silvaplana–Martina, in St. Moritz im Kreisverkehr erste Ausfahrt auf Via dal Bagn, nach 200 Metern links abbiegen auf Via Chavallera, nach 900 Metern leicht links abbiegen auf Via Somplaz und weiter leicht rechts auf Via Suvretta | **Tipp** Zwischen dem St. Moritzer- und dem Champfèr-See liegt mitten im Wald der kleine Lej Marsch. Dank seiner windgeschützten Lage kann man in diesem Moorsee auf über 1.800 Metern über Meer im Sommer vorzüglich baden.

77 Die rollende Hotellobby

Die längste Rolltreppe der Schweiz

Selbst ein Parkhaus muss in St. Moritz den gehobenen Ansprüchen der Gäste entsprechen: Edle graue Bodenplatten, grosse, hochformatige weisse Keramikplatten und dazu ein schwarz glänzender Verputz mit aufgemalter Marmorimitation – so präsentiert sich das Gebäude namens Serletta, das das berühmte Hotel Palace mit dem St. Moritzersee verbindet. Und noch dazu mit einem Superlativ als Extra: Darin befindet sich mit einer Länge von 150 Metern die längste Rolltreppe der Schweiz.

Das 2004 eröffnete Parkhaus, direkt in den Hang gebaut, steht schliesslich auch auf edlem Grund: Hier ragte einst das «Grandhotel» in die Höhe, bevor es 1944 niederbrannte. Und so ist es gut nachvollziehbar, dass dieser Ort laut Architekt Valentin Bearth auch eine Art «Hotellobby von St. Moritz» sein soll. Die rollende Treppe verbindet nicht nur den See mit dem Dorf, einer der Ausgänge führt direkt zum Bahnhof, wo die ankommenden und abfahrenden Gäste zirkulieren. Der erste und der letzte Eindruck also – und die Visitenkarte des Nobelortes schlechthin, ja eine veritable Drehscheibe des Geschehens. Man fühlt sich wie auf einem roten Teppich. Während man sich in die Höhe – oder Tiefe – fahren lässt, hat man wunderbar die Möglichkeit, mit seiner Begleitung zu plaudern oder die anderen Feriengäste zu beobachten.

Das Parkhaus ist neben den «landschaftsfreundlich» parkierten Autos zudem auch noch eine unterirdische Kunstgalerie. Sie nennt sich «St. Moritz Design Gallery» und ist an 365 Tagen im Jahr rund um die Uhr geöffnet. 31 grosse, beleuchtete Vitrinen sind entlang der Rolltreppe aufgereiht und beherbergen regelmässig wechselnde Ausstellungen. Meist sind es historische Plakate, vereinzelt aber auch Fotos oder Zeitdokumente zu Themen wie «150 Jahre Wintertourismus», «Gesichter aus St. Moritz» oder «Grate, Gipfel, Gletscher». Damit sich der Gast perfekt auf den Ort einstimmen kann.

Adresse Parkhaus Serletta, Via Grevas 53, 7500 St. Moritz | **Anfahrt** H27, Silvaplana–Martina, Ausfahrt bei St. Moritz ins Parkhaus Serletta | **Tipp** Wer durch die Hauptstrasse von St. Moritz flaniert, wird das Haus mit der wunderschönen Sgraffiti-Fassade gleich neben dem St.-Mauritius-Brunnen nicht übersehen. Darin sind das Café und die Confiserie Hanselmann untergebracht – ein süsses Paradies, wo man an blütenweiss gedeckten Tischen Platz nimmt, auch, um zu sehen und gesehen zu werden.

78 Die Startrampe

Blick auf den freien Fall

Schon die Höhe sorgt dafür, dass man kurzatmig wird. Erst recht, wenn man aus der Gondel der Piz-Nair-Bahn auf über 2.800 Metern steigt. Sie hält an bestimmten Tagen bei der letzten Seilbahnstütze, wo man zuerst eine Plattform betritt. Im Zickzack geht es dann 187 Stufen zu Fuss über den schneebedeckten Felsen hinauf zum Starthäuschen. Den Blick zurück oder hinunter lässt man lieber bleiben.

Oben angekommen ist die Luft noch etwas dünner, der Wind noch etwas garstiger und die Temperatur noch eisiger. Dafür aber steht man an der weltweit steilsten Startrampe einer Männerabfahrt. Bernhard Russi, der ehemalige Schweizer Abfahrtsläufer (zweimal WM-Gold, einmal Olympia-Gold) und heutige Pistenbauer, hat sie zur Ski-WM 2003 entworfen. Und auch bei den Skiweltmeisterschaften 2017 und allen internationalen Skirennen wird der sogenannte «Freie Fall» wieder für Adrenalinkicks sorgen – sowohl bei den Fahrern wie auch bei den Zuschauern am Fernseher.

Vier Millionen Franken hat die Konstruktion gekostet, obwohl dazu nicht einmal eine Sprengung am Berg nötig war. Von hier oben «fallen» die Skiprofis sozusagen in einem Neigungswinkel von 45 Grad vom Berg. Sie beschleunigen ihre Fahrt innerhalb von gerade einmal sechs Sekunden von null auf 140 Stundenkilometer. Das ist selbst für manch erfahrenen Skirennfahrer etwas zu rasant. So hat auch Didier Cuche – mit einer Olympia-Silbermedaille und WM-Gold im Super-G kein blutiger Anfänger – beim ersten Mal «ziemlich leer geschluckt», wie er in einem Interview verriet. Auch für ihn habe es einigen Mut erfordert, hier hinunterzufahren.

Gut, dass man als Besucher einer Führung angeseilt wird. Allein schon der Blick aus der Position des Rennläufers lässt die Knie schlottern. Da beruhigt es auch nicht wirklich, wenn der Guide versichert, dass der rund 30 Meter lange «freie Fall» eigentlich gar nicht gefährlich sei. Beeindruckend ist er allemal.

Adresse Startrampe Piz Nair, 7500 St. Moritz | **Anfahrt** H 27, Silvaplana – Martina, nach dem Kreisel Parkhaus Serletta nehmen, von dort zu Fuss auf Via Serlas zur Corviglia-Bahnstation, Fahrt bis Corviglia und weiter mit der Gondel auf Piz Nair | **Öffnungszeiten** Besichtigungen auf Anfrage unter marketing@mountains.ch | **Tipp** Das Engadin hat eine besonders hohe Dichte an ausgezeichneten Gastro-Betrieben. Essen auf hohem Niveau kann man das ganze Jahr hindurch, insbesondere aber Mitte / Ende Januar beim jeweils hochkarätig besetzten Gourmet-Festival. www.stmoritz-gourmetfestival.ch

79 Der St. Moritzersee

Wer reitet da durch Schnee und Wind?

Manchmal glaubt man, die Fische zu hören, die unter dem Eis um Hilfe rufen. Was ist das doch tagsüber im Winter für ein Spektakel auf dem St. Moritzersee! Scharenweise flanieren die Feriengäste darüber. Sobald das Eis eine Mindestdicke von 24 Zentimetern erreicht hat, wird jeweils eine ganze Zeltstadt aufgebaut. Und dann erst das Getrampel während der White-Turf- oder Snow-Polo-Veranstaltungen! Fast bekommt man Erbarmen mit den Bewohnern darunter.

Aber sie sind es gewohnt. Pferderennen auf Eis haben in St. Moritz eine lange Tradition: Die ersten fanden bereits 1907 statt. Seither pilgern Reitsportler und -freunde aus aller Welt jeweils im Februar zu den White-Turf-Veranstaltungen. Wen wundert's, sind doch die Rennen in dieser unvergleichlichen Landschaft ein besonderes Erlebnis. Aufgeregt schnauben die Pferde in ihren Boxen beim Start und warten nur darauf, endlich losstürmen zu dürfen. Dann, nach dem Startschuss, wirbelt der Schnee auf, als würde gerade ein Hurrikan übers Oberengadin fegen. Die ganze Eisfläche vibriert, während Reiter und Pferde über den See zu fliegen scheinen. Noch wilder wird es beim Skikjöring, dem wohl spannendsten Rennen, bei dem unberittene Pferde Fahrer auf Skis hinter sich herziehen. Auch dies ist eine traditionsreiche Sportart im Engadin: Im Jahr 1906 sollen 13 Skifahrer von St. Moritz nach Champfèr und zurück gezogen worden sein.

Seit ein paar Jahren bildet der White Turf nicht nur für die Profis eine spektakuläre Bühne, sondern auch für die angehenden Jockeys: Zur Förderung des Nachwuchses finden an den Family Days Pony-Galopprennen statt – sowohl für die Zuschauer wie auch für die Reiter im Alter von acht bis 16 Jahren ein besonderes Highlight.

Im Sommer aber, wenn nur die Segeljollen lautlos über den St. Moritzersee gleiten, schätzen es all die Unterwasserbewohner, wieder ihre Ruhe zu haben.

Adresse St. Moritzersee, 7500 St. Moritz | Anfahrt H 27, Silvaplana – Martina bis Kreisel St. Moritz-Dorf, auf Parkhaus Serletta | Öffnungszeiten an den ersten drei Februarwochenenden findet der White Turf statt, Poloturniere am letzten Januarwochenende | Tipp Er gilt als Wahrzeichen von St. Moritz: der schiefe Turm der St.-Mauritius-Kirche gegenüber des Kulm Hotels. Mit seiner Neigung von 5,5 Grad übertrifft er sogar den Schiefen Turm von Pisa, der nach einer Sanierung nun bei vier Grad steht.

80_Das Whisky-Paradies

Ohne Eis, dafür getröpfelt

Natürlich kann man sich die Zähne auch mit Whisky putzen, wie das in Entwicklungsländern wegen der Wasserqualität oft gemacht wird. So war der ehemalige Direktor Claudio Bernasconi ursprünglich auch auf den Whisky gekommen. Doch in St. Moritz ist das Wasser sauber und rein, sodass man nicht zu diesem Mittel greifen muss. Es wäre auch viel zu schade, die edlen Whiskys, die dank Bernasconis Sammelleidenschaft im Hotel Waldhaus am See zusammengekommen sind, einfach als Gurgelwasser zu benutzen.

Mittlerweile sind es über 2.500 Sorten, die man im Offenausschank geniessen kann. Damit hat sich die Hotelbar mit dem Namen «Devils's Place» auch gleich einen Eintrag im Guinnessbuch der Rekorde gesichert. In der Bar und in der Zigarrenlounge stehen Raritäten wie ein Glenlivet oder ein Macallan von 1878. Letzterer ist nicht ganz günstig: Für zwei Centiliter bezahlt man 9.999 Franken. «Die Flasche ist immer noch zu», meint Gastgeber Sandro Bernasconi verschmitzt. Um einiges günstiger und dennoch von hoher Qualität sind die hier gelagerten Waldhaus-Whiskys wie Bowmore, Bunnahabhain oder The Real Highlander. Zehn bis zwölf neue Abfüllungen pro Jahr ergänzen das Sortiment, das übrigens auch online oder direkt im Keller des Hauses gekauft werden kann.

Getrunken wird der Whisky notabene ohne Eis. Dafür mit ein paar Tropfen Quellwasser, mit einer Pipette ins Glas getröpfelt. «So entfalten sich die Aromen am besten», weiss Sandro Bernasconi. Wer dazu gute Musik hören will, sollte sich in die «Cave Waldhaus» zurückziehen. Dort lagern über 50.000 Schallplatten und 25.000 Musik-CDs, von Michael Schanze über Eric Clapton bis zu Tschaikowsky – eine weitere Leidenschaft des inzwischen pensionierten Waldhausdirektors Bernasconi. Oder man macht es wie Fürst Albert von Monaco: Vor ein paar Jahren genoss er in der Zigarrenlounge einen Whisky-Brunch.

Adresse Hotel Waldhaus am See, Via Dimlej 6, 7500 St. Moritz, www.waldhaus-am-see.ch | **Anfahrt** H 27, Silvaplana – Martina, beim Bahnhof St. Moritz Abfahrt Richtung Dimlej | **Öffnungszeiten** Das Hotel ist 365 Tage geöffnet, die Whisky-Bar täglich ab 15 Uhr. | **Tipp** Von St. Moritz Suvretta führt eine schöne, aber intensive Wanderung (rund sieben Stunden) via Alp Suvretta zur Jenatschhütte, der höchst gelegenen SAC-Hütte Graubündens (2.652 Meter).

81__Die Yoga-Piste

Mit geschlossenen Augen die Piste runter

Die Holzschilder lassen einen etwas ratlos in der Landschaft stehen. Was sollen diese Pfähle in Y-Form mit den merkwürdigen Zeichen mitten auf der Paradiso-Piste am Corviglia-Hang? Das Rätsel löst sich beim Nähertreten. Wir befinden uns auf der ersten Yoga-Piste der Welt. Schon früher war hier eine Chillout-Piste, die zum Langsamfahren animierte. Die Ski- und Yogalehrerin Sabrina Nussbaum-Berger, die Yoga on Snow entwickelt hat, geht noch einen Schritt weiter: Sie will die Stadtmenschen in die Natur bringen und sie wieder erden. Das hat nun nichts Esoterisches an sich – und eine Gummimatte braucht es auch nicht dazu. Nur Skier. Krieger, Baum oder Sonnengruss – das lässt sich alles auch in der Natur statt im Yogaraum machen. Das geht selbst mit Latten an den Füssen und ganz ohne Vorkenntnisse.

An den vier verschiedenen Stationen wird man zum Innehalten aufgefordert, «damit Körper, Geist und Natur wieder in Einklang gebracht werden». Die Übungen dazu nehmen Themen wie Ankommen, Atmen oder Verbinden auf. Noch intensiver kann man dieses Zusammenspiel erleben, wenn man mit Sabrina Nussbaum-Berger auf der Yoga-Piste steht und eine private Stunde bei ihr bucht. Statt aus der Gondel zu hetzen, um möglichst schnell den Hang hinunterzusausen, wird zuerst das Stillhalten hoch über dem Engadin geübt. Sehen, warten, atmen, spüren, Geräuschen lauschen. Und dann fährt man mit geschlossenen Augen den Hang hinunter! Das braucht etwas Überwindung. Aber plötzlich spürt man jede Welle, jede Veränderung des Untergrundes, ja selbst die unterschiedliche Konsistenz des Schnees. Bei Sabrina Nussbaum-Berger erlebt man, dass das Fahren mit hochgezogenen oder gespreizten Zehen, mit geschlossenem Mund oder zugehaltenen Ohren ein völlig neues Gefühl auslöst – und irgendwie erdet und zentriert. Der angenehme Nebeneffekt: Das Skifahren ist hinterher entspannter, kraftsparender und vor allem lockerer.

Adresse Paradiso-Piste, Corviglia, 7500 St. Moritz | **Anfahrt** H 27, Silvaplana – Martina, entweder bis Signal- oder Corviglia-Bahn, bis Bergstation, dort Richtung Paradiso | **Öffnungszeiten** «Yoga on Snow»-Kurse unter www.suvretta-sports.ch | **Tipp** Immer am zweiten Sonntag im März findet der legendäre Engadiner Ski-Marathon statt. Besonderes Highlight für die Zuschauer ist der Stazerwald, der mit seiner Abfahrt als Knackpunkt der Strecke zwischen Maloja und S-chanf gilt (www.engadin-skimarathon.ch).

82 Die Chasa Chalavaina

Die schwarze Küche, die schon Leben rettete

Geschichten weiss die Chasa Chalavaina viele zu erzählen. Schliesslich steht das mächtige Haus schon bald 770 Jahre hier, gleich neben dem Kloster Müstair aus dem 8. Jahrhundert, und gilt als mutmasslich ältestes Hotel der Schweiz. Über 50 Jahre wurde es von Jon B. Fasser mit grosser Hingabe geführt. Seit 2022 sorgt die Stiftung Chasa Chalavaina dafür, dass das Hotel weiterbesteht. Die Zimmer und die Gaststube wurden nur sanft renoviert, so dass das besondere Ambiente erhalten blieb.

Seinen Namen hat das Haus der Schlacht bei Calven anno 1499 zu verdanken. Am Vorabend soll hier der Bündner Nationalheld Benedikt Fontana seinen 6.000 Mannen bei Suppe, Brot und Wein Mut zugesprochen haben. Am nächsten Tag schlugen sie eine doppelt so grosse Anzahl Österreicher. Fontana indes verlor in der Calven-Schlacht sein Leben. Fortan aber hiess die Herberge Chasa Chalavaina (deutsch: Calven-Haus) und trägt in Erinnerung daran zwei gekreuzte Schwerter im Wirtshausschild.

Die Cuschina naira ist das Herzstück des unter Denkmalschutz stehenden Hotels. Rabenschwarz ist sie und duftet köstlich nach Geräuchertem, obwohl sie jährlich einmal mit Dampfhochdruck gereinigt werde. In der schwarzen Küche wurde während Jahrhunderten auf offenem Feuer gekocht. Der Rauch zog durch ein Loch in der Mitte des steinernen Deckengewölbes ab. Der Backofen soll der älteste funktionstüchtige Europas sein. Bis vor einigen Jahren buk Fassers Schwester Ottavia noch Brot darin.

Der grosse Ofen war indes nicht nur zum Backen gut, sondern hat auch Leben gerettet, wie eine andere Anekdote besagt. Als 1799 napoleonische Truppen auf dem Rückweg von der Po-Ebene nach Frankreich am Haus vorbeikamen, schüttete eine Magd versehentlich Schmutzwasser auf die Uniform eines der französischen Offiziere. Aus Angst vor einer Bestrafung versteckte sie sich drei Tage lang im Ofen – bis die Wut der erzürnten Herren wieder verflogen war.

Adresse Chasa Chalavaina, Plaz Grond 24, 7537 Val Müstair-Müstair, Tel. 081/8585468, www.hotelchalavaina.ch | Anfahrt H28, Zernez – Müstair, auf der Hauptstrasse bis kurz vor das Kloster Müstair | Öffnungszeiten Weihnachten bis Anfang April und Anfang Juni bis Ende Oktober | Tipp Das Schriftstellerpaar Tim Krohn und Michaela Friemel hat aus dem einstigen Gutshaus Chasa Parli am Rand von Santa Maria eine liebevoll eingerichtete Pension für Schreibende und andere kreative Menschen geschaffen. www.haus-parli.ch

83_Die Klosterherberge

Auszeit im Weltkulturerbe Kloster St. Johann

«Freude dem, der kommt. Friede dem, der hier verweilt. Segen dem, der weiterzieht.» An einem solchen Ort muss man sich fürwahr willkommen fühlen. Und es gibt ihn tatsächlich. Er befindet sich am untersten Ende des Val Müstair, wo Gastfreundschaft eine sehr lange Tradition hat: im Benediktinerinnenkloster St. Johann in Müstair. Wer die Stille sucht und dem Alltagstrubel entfliehen will, ist hier genau richtig. Die Nonnen bieten nicht nur Pilgern eine Übernachtungsmöglichkeit, sondern auch stressgeplagten, abgespannten Städtern. Da sitzt man nun in den kleinen, spartanischen Zimmern im ehemaligen Knechtetrakt des klösterlichen Landwirtschaftshofes. Doch es fehlt uns an nichts. Im Gegenteil: Wir bekommen einen nicht käuflichen Luxus geschenkt – Stille und Zeit.

Anfangs fühlen wir uns wie Eindringlinge in einem geschützten Paradies, verloren im Labyrinth der Klostergänge und vor allem unwissend in Sachen klösterliche Rituale. Zum Glück ist da Merly, die gute Seele des Klosters, die uns mit einer Herzlichkeit empfängt, die sämtliche Unsicherheiten und Bedenken vergessen lässt. «Nach dem Sonnenblumenbild findet ihr die Tür zum Speisesaal», macht sie uns aufmerksam, als wir fragend das Hermaninzimmer suchen. In diesem herrschaftlichen Saal aus dem 18. Jahrhundert speisen die Gäste – Kloster-Habitués und Neulinge, Liberale, Traditionalisten und Atheisten. Die anfängliche Zurückhaltung schwindet mit jedem Löffel der köstlichen Suppe, die frisches Gemüse aus dem Klostergarten enthält. Spätestens nach dem gemeinschaftlichen Genuss der Käse- und Fleischplatte mit heissen Kartoffeln weiss man von jedem, was ihn zum temporären Klosteraufenthalt bewogen hat.

Als geistiges Dessert erweist sich das anschliessende Nachtgebet, die Complet, auf der Nonnenempore in der Klosterkirche. Schliesslich heisst es in der Ordensregel: «Hat man die Gäste aufgenommen, nehme man sie zum Gebet.»

Adresse Kloster St. Johann, 7537 Val Müstair-Müstair, www. muestair.ch | **Anfahrt** H 26, Zernez–Müstair, bis Müstair Dorfausgang linker Hand | **Öffnungszeiten** Dez.–Okt. | **Tipp** Wer nicht im Kloster übernachten will, sollte sich unbedingt Zeit nehmen für einen Besuch in der Klosteranlage mit ihrer über 1.200-jährigen Geschichte. Klosterkirche, Klostermuseum und Klosterladen sind täglich geöffnet mit Ausnahme des 25. Dezember.

84_Das Kriegsmuseum

Von Affen und spanischen Reitern

So einträchtig wie der Schweizer Soldat mit dem Pompon, der österreichische Krieger mit dem Federstoss des Auerhahns und der italienische Kämpfer mit der Adlerfeder hier als Statuen posieren, ging es um den Vorplatz des Museums Stelvio-Umbrail 14/18 in Santa Maria nicht immer zu und her. Man blende zurück ins Jahr 1914: Nach dem Mord am österreichischen Thronfolgerpaar in Sarajevo fiel der Dreibund Deutschland, Österreich-Ungarn und Italien auseinander. Im damaligen Dreiländereck Schweiz-Österreich-Italien beim Umbrail und Stilfserjoch war damit der Friede vorbei. Also schickte die Schweizer Armee am 1. August 1914 ein Bataillon mit 600 Mann in die Region des Umbrailpasses. Dadurch sollte ein feindlicher Durchmarsch durch das Val Müstair verhindert werden.

Wie sie das erreichten, wird eindrücklich im Museum 14/18 beleuchtet, das 2007 auf Initiative von David Accola, Oberst im Generalstab, entstand. Viele Bild- und Filmdokumente, aber auch Modelle und schriftliche Dokumente geben Einblick in diese Zeit. Besonders spannend sind die Originalbilder des Schweizerischen Nachrichtendienstes im Grossformat. Sie zeigen, wie die Stellungen haargenau studiert und von Hand auf den Fotos eingezeichnet wurden. So wussten die Schweizer, welche Wege die untereinander verfeindeten Truppen jenseits der Grenze gingen, wo Telefonleitungen und Maschendrahtzäune, sogenannte Spanische Reiter, gesetzt wurden. Eine nachgestellte Offiziersunterkunft samt Aff (dem legendären fellbezogenen Militärtornister) und weiteren Militärutensilien gibt Einblick ins Leben der detachierten Soldaten.

Dass die Schweiz während dieser Zeit eine Insel der Glückseligen war, beschreibt Regimentspfarrer Emil Schmid in einem Büchlein folgendermassen: «Eben kommen ein paar österreichische Offiziere herauf zu uns. Wir trinken gemeinsam Tee; trefflich schmeckt ihnen unser Schweizerkäse und das gute Brot …»

Adresse Museum 14/18, Chasa Plaz, 7536 Val Müstair-Santa Maria, www.stelvio-umbrail.ch | **Anfahrt** H 28, Zernez–Müstair, bis Dorfmitte Santa Maria, parken bei der Kirche oder dem signalisierten Parkplatz am Dorfeingang, zu Fuss bis Chasa Plaz | **Öffnungszeiten** Juli–Mitte Okt. Di, Do 17–18.30 Uhr oder auf telefonische Anfrage | **Tipp** Wer noch tiefer in die Grenzbesetzungsgeschichte eintauchen will, dem sind die militärhistorischen Wanderwege auf dem Pass Umbrail und dem Stilfserjoch empfohlen.

85 Die Muglin Mall

Durchs Mühlauge in den Strumpf

Ob der Müller wohl in seinem Klappbett in der Stube gut geschlafen hat, wo er doch nicht nur regelmässig durch die Klappe in der Wand nach dem Rechten schauen musste, sondern auch noch dem ohrenbetäubenden Lärm vom Strauberrad und der Stampfe ausgesetzt war? Heute wirkt es geradezu romantisch, wenn die Führerinnen erst das Bächlein Muranzina stauen und dann die Schleuse öffnen, damit das Wasser mit voller Wucht das unterschlächtige Mühlrad (weil das Wasser von unten auftrifft) in Bewegung bringt. Und schon stampft und rattert und pocht es in der Mühle. An einem Modell im Massstab 1:10 wird erklärt, welchen Weg das Korn vom Trichter durch den «Schuh» fliessend ins «Mühlauge» nimmt, wo das Korn dann zwischen Granitsteinen aus dem Val Mora vermahlen wird und am Schluss als ganz feines Mehl aus dem Strumpf herauskommt.

Genau so wurde es in der Muglin schon im 17. Jahrhundert gemacht, als die Gemeinde Santa Maria dem Müller Jakob Cott 1676 erstmals das Wasserrecht erteilte. Damals war Cotts Betrieb nicht der einzige, der auf die Nutzung der Wasserkraft angewiesen war: Sägereien und Schmieden hatten sich ebenso an der Dorfgasse Paclera am Bergbach angesiedelt. Bis vor wenigen Jahrzehnten drehte sich das Mühlrad des letzten Müllers Luis Mall. Dann wurden die Räder entfernt und die Wasserkanäle zugeschüttet. 1998 wurde eine Stiftung gegründet, um die Mühle vor dem Zerfall zu retten und zu renovieren.

So wird heute wieder Mehl nach alter Handwerksmanier gemahlen. Für Familien und Schulklassen lässt sich der Produktionsprozess vom «Acker auf den Teller» hautnah an den Erlebnistagen der Biosphera Val Müstair mitverfolgen. Der Getreidesortengarten gegenüber der Mühle zeigt die Vielfalt an wichtigen Kulturpflanzen. In der Muglin Mall erleben die Teilnehmer, wie das Getreide zu Mehl verarbeitet und die Gerste zu Suppengerste gestampft wird. Zusammen mit der Müllerin wird das eigene Brot gebacken.

Adresse Muglin Mall, Paclera 91, 7536 Val Müstair-Santa Maria, www.muglin.ch | **Anfahrt** H28, Zernez–Müstair, bis Santa Maria, im Dorfzentrum bei der Jugendherberge nach links auf Paclera abbiegen | **Öffnungszeiten** Juni–Mitte Okt. Di, Do 16.30 Uhr mit Führung, Juli–Mitte Okt. Di–Do 14–16 Uhr ohne Führung | **Tipp** Ebenfalls in Santa Maria befindet sich die letzte grosse Handweberei der Schweiz. Die Tessanda verfügt über 25 Webstühle und beschäftigt 17 Mitarbeiterinnen. Im angegliederten Laden findet man eine grosse Auswahl handgewobener Stoffe, von modischen Accessoires bis hin zu Gebrauchs- und Geschenkartikeln. www.tessanda.ch

86 Die Antica Distilleria

Eine brennende Leidenschaft

Für Luciano Beretta ist es schlicht das Paradies: das Haus ausgangs Tschierv am Flüsschen Rom – umgeben von einem idyllischen Garten mit wunderbaren Blumen und Kräutern. Noch dazu dieser Geruch! Ein Hauch von Schnaps, der über allem schwebt.

Während andere in diesem Alter an den Rückzug aus dem Berufsleben denken, haben er und seine Frau Gisela auf 1.700 Metern über Meer im Jahr 2008 einen Neustart gewagt und ihre Antica Distilleria, Familienmanufaktur seit 1792 im Tessin, hierher gezügelt und wieder eingerichtet. Denn Luciano wollte in seine Heimat im Münstertal zurückkehren. Seit über 50 Jahren destilliert er schon. Mit 08/15-Bränden gibt er sich nicht zufrieden. Aus jedem Schnaps und Likör holt er das Optimum an Qualität heraus. Das gelingt so gut, dass er bereits 36 nationale Gold-Auszeichnungen für seine Brände, Gins, Whiskys oder Rums erhalten hat. Inzwischen destilliert er hauptsächlich mit Bio-Knospe Berggetreide aus dem Val Müstair.

Sein Erfolgsrezept? Es liegt wohl daran, dass der Ingenieur Luciano ein leidenschaftlicher Bastler und Tüftler ist – manche sagen «ein verrückter Hund». Der Keller ist voller interessanter Gerätschaften, im Garten steht sein Hexenhäuschen, das eigentliche Epizentrum seines Schaffens. Luciano hat hier einen Kamin eingebaut und einen alten Kartoffeldämpfer so umfunktioniert, dass er zuerst das Getreide aufkochen kann. Eine Zentrifuge dient ihm zum Schleudern der Fruchtmaische. Damit seine Destillate im Gaumen fein sind und ohne Methanol, will er keine Stiele, Häute oder Kerne mitdestillieren. Es kommt nur reiner Wein und Fruchtfleisch in seinen Alambique. Dabei haben all die hochalpinen Produkte aus den Bergen des Tals wie die Betschlas (Arvenzapfen), Moschus-Schafgarben oder Angelika-Wurzel schon Topqualität.

Alkohol trinkt Luciano Beretta übrigens keinen. «Wieso auch? Ich habe meine Nase. Ich weiss ja, dass nur die besten Produkte darin sind.»

Adresse Distilleria Beretta, Curtin da Plaz 18, 7532 Val Müstair-Tschierv, www.distilleriaberetta.ch | **Anfahrt** H 28, Zernez–Müstair, vom Ofenpass kommend bis zur Kirche von Tschierv, dann rechts halten und auf den schmalen Fahrweg, über die Holzbrücke bis zum ersten Bauernhaus links | **Öffnungszeiten** Führungen und Degustationen auf Anfrage | **Tipp** Er gilt als einer der schönsten Bergseen der Schweiz: der Lai da Rims im unberührten Val Vau im Val Müstair. Die Wanderung führt unter anderem bei Las Clastras über einen Zickzackweg hinauf zum Lai da Rims.

87 Die Acla da Fans

Das Zollfrei-Paradies im Niemandsland

«Zoll ich oder zoll ich nicht?», fragt sich manch einer, der Richtung Samnaun fährt. Schliesslich wirbt das Einkaufszentrum Acla da Fans genau mit diesem Slogan. Da ist es auch egal, dass man dafür die kurvenreiche Strasse hochfahren muss und ein paar Liter Benzin mehr verpufft. So günstig wie in dieser Zollfrei-Enklave kann man in der Schweiz nirgends tanken. Fast ein Drittel weniger bezahlt man pro Liter.

Die Zollfreiheit verdankt Samnaun seiner besonderen geografischen Lage. Jahrhundertelang war der Ort nur über österreichisches Gebiet erreichbar. Deshalb sprach 1892 die Schweizer Regierung dem einstigen Schmugglerparadies diesen Sonderstatus zu. Als dann 1912 eine neue Zufahrt von Schweizer Seite gebaut wurde, sahen die Samnauner ihre wichtige Einnahmequelle bedroht. Hartnäckig hielten sie an ihrer Zollfreiheit fest – bis heute. Und dies, obwohl längst nicht mehr alle Waren von österreichischer Seite her hinauftransportiert werden.

Doch nicht nur des Sprits wegen reisen viele Konsumfreudige an. Überall prangen Plakate mit dem Hinweis «Duty-free» an den Häusern, sodass man sich vorkommt, als wäre man in einem Freiluft-Flughafenterminal. Auf halber Strecke zwischen Vinadi und Samnaun steht Acla da Fans – mitten im Niemandsland. Der Name hat freilich nichts mit einer speziellen Fankultur für Duty-free zu tun, sondern bedeutet auf Deutsch «Maiensäss beim Pfandshof». Fans scheint das Einkaufszentrum mit Tankstelle und Restaurant viele zu haben, sind doch die Parkplätze fast permanent besetzt. Schliesslich lockt der Shopping-Tempel auch mit «10.921 Schnäppchen an sieben Tagen»: von Tiroler Speck bis Hello-Kitty-Puppen, von Vogelhäuschen bis Kneipp-Balsam, von Zigaretten bis Parfüms, vor allem aber schottische Single Malts. Über 650 Whiskys, darunter viele Raritäten und Sonderabfüllungen, werden angeboten. Wer da nichts findet, ist wirklich shoppingresistent.

Adresse Acla da Fans, Samnaunerstrasse 1, 7560 Valsot-Martina, www.acla-da-fans.ch | Anfahrt H 27, Silvaplana–Martina, bei Vinadi links Richtung Samnaun abbiegen und sieben Kilometer der Strasse folgen | Öffnungszeiten täglich 9–18.30 Uhr (ausser Ostersonntag, Pfingstsonntag und 25. Dez.) | Tipp Ein ganz spezielles Erlebnis ist die Fahrt mit der Doppelstockbahn von der Talstation Samnaun Ravaisch zur Bergstation auf dem Alp Trida Sattel. Beim Bau 1995 war sie die erste Seilbahn weltweit, die zweistöckige Kabinen einsetzte.

88 Das Bergler-Bier

Eine Bier-Idee, die weite Kreise zog

Eine Schnapsidee war es nicht unbedingt, die vor ein paar Jahren die Tschliner auf das Bier brachte. Aber ein bisschen verrückt ist es schon, ausgerechnet im Unterengadin Bier zu brauen, wo es kaum eine Biertradition gibt. Immerhin konnte sich die Region darauf berufen, dass auf ihren Ackerterrassen «schon seit ewig» Gerste angebaut wird.

Und so begannen die tollkühnen Tschliner also, ihr eigenes Bier zu brauen. «Biera engiadinaisa» heisst es schlicht. Die Rezeptur: reines Tschliner Quellwasser, Gran-Alpin-Malz, biologisch angebauter Schweizer Hopfen und Hefe. Nicht die Zutaten allein machen das Besondere des Bergler-Biers aus. Neben dem klassischen Brauverfahren ist es vor allem der Faktor Zeit, der für die kalte Gärung so entscheidend ist. Vier bis sechs Wochen lagert das Unterengadiner Bier. Zu den vier Standardbieren in Bio-Qualität und bergzertifizert brauen die Tschliner auch das «Tschliner Craft Beer» (ein Pale Ale mit Gerstenmalz), das Valsot Sta (im Stile eines belgischen Weissbiers) sowie das «Ambra» (ein Spezialbier mit Bündner Braugerste).

Inzwischen steht die Brauerei nicht mehr inmitten von Tschlin, sondern neben der Kirche im nahen Martina, das schon vor der Fusion zur Gemeinde Valsot eine Fraktion von Tschlin war. «Das Wasser kommt somit immer noch von der gleichen Quelle», wie Geschäftsführer Reto Rauch versichert.

Vor mehr als zehn Jahren war das Bier eigentlich nur der Anstoss für ein noch viel wichtigeres Projekt: das Bier war die Idee des Verkaufsförderungsverbundes «Bun Tschlin», der mit neuem Engagement der Landflucht Einhalt gebieten wollte. Seither gibt es in dem Unterengadiner Dorf mit den schmucken Häusern noch weitere Produzenten, Handwerker und Dienstleister. Sie stellen Ziegenkäse und Filztaschen, Bio-Kräuter und Apfelessig, Holzmöbel und Nusstorten her. Apropos Schnapsidee: Inzwischen gibt's tatsächlich einen Tschliner Single Malt und auch einen Bier-Brand im Sortiment.

Adresse Biera Engiadinaisa, Via Dal Dazi 233, 7560 Valsot-Martina, www.bieraria.ch | **Anfahrt** H 27, Silvaplana – Martina, in Martina links abbiegen zur Brauerei | **Öffnungszeiten** auf Anfrage | **Tipp** Einen Hauch von Hollywood können Kinder und Jugendliche im Bergdorf Vnà bei Cinevnà, einem Filmatelier speziell für den Nachwuchs, schnuppern. Es ist mit modernsten Kameras und Schnittplätzen ausgestattet und bietet verschiedene Kurse an. www.cinevna.ch

89 Die Ruine Tschanüff

Untreue lohnt sich nicht

Zwei Bauten buhlen um die Gunst des Betrachters, wenn man von Scuol her kommend nach Ramosch fährt. Da ist einmal die Florinuskirche mitten im Dorf, die zweitgrösste reformierte Kirche Graubündens. Und westlich von Ramosch die Ruine Tschanüff – nicht minder dominant. Sie hat bestimmt schon bessere Zeiten erlebt. Auf jeden Fall aufregendere. Und so ranken sich einige Geschichten um diese Burg, die schon im 12. Jahrhundert erbaut und in Etappen vergrössert wurde.

Nach Streitigkeiten und Besetzungen soll sie der Bischof von Chur anno 1394 an sich gerissen haben. Damit kehrte noch längst keine Ruhe ein. Mindestens viermal wurde sie in der Folge zerstört. Erst im Hennenkrieg von 1475 und dann im Schwabenkrieg von 1499. Um 1565 steckten aufgebrachte Einheimische die Burg in Brand, und schon 57 Jahre später, während der Bündner Wirren, wurde sie erneut ein Raub der Flammen.

Gut möglich, dass ein Fluch auf der Burg lag. Denn auch eine Sage erzählt vom Niedergang der Burg Tschanüff. Sie handelt von einem jungen Ritter, der glücklich mit seiner Frau auf der Burg lebte – bis die Edelfrau bemerkte, dass ihr Gatte das Haus zu bestimmten Stunden verliess. Mit einer List konnte sie ihm folgen und fand ihn schlafend in den Armen einer Fee in einer Höhle im Assatal. Die Burgherrin schnitt der Frau eine ihrer blonden Haarflechten ab. Wieder zu Hause präsentierte sie diese dem untreuen Gatten und liess ihm die Freiheit, zwischen den Frauen zu entscheiden. Das ging ihm sehr zu Herzen, und er versprach ewige Treue. Die Fee legte daraufhin einen schweren Fluch über die Familie: Der Ritter fiel in einer Fehde, seine Söhne starben jung, worauf die bekümmerte Edelfrau Äbtissin im Münstertal wurde.

In der Höhle im Val d'Assa soll seither jeden Morgen und Abend zur selben Stunde Wasser aus der Quelle «Funtana Chistagna» fliessen – es sollen die Tränen der unglücklichen Fee sein.

Adresse Ruine Tschanüff, 7556 Valsot-Ramosch | **Anfahrt** H 27, Silvaplana–Martina bis Ramosch Fermada, von dort in zehn Minuten dem Wegweiser folgend zur Ruine | **Tipp** Wer durch das Dorf Vnà wandert, kann gleichzeitig auch ein paar Brocken der einheimischen Sprache lernen: auf dem Wörterbuch-Weg. An jedem Haus ist ein Schild angebracht mit einem Wort auf Rätoromanisch – und der Übersetzung in Deutsch, Italienisch, Französisch und Englisch.

90 Das taube Nichts in Zuort

Wo Willem Mengelberg seine Ruhe fand

«Besuchen Sie uns, wir haben nichts», steht auf dem kleinen Prospekt des Hofs Zuort, dem entlegensten Swiss Historic Hotel, das man von Vnà aus in einer guten Stunde zu Fuss erreicht. Das ist völlig untertrieben. Natürlich gibt es hier keine Autos, Radio oder Bildschirme, ja nicht einmal Zimmerschlüssel. Dafür Berge, Wald und Einsamkeit in Hülle und Fülle. Und eindrückliche Ruhe, dicht und intensiv. Schliesslich kommt der Name Zuort vom romanischen Wort «suord», was «taub» bedeutet. Der Weilern liegt am Ende des Val Sinestra, in dieser Landschaft von nationaler Bedeutung.

Ruhe und Stille werden in dem ehemaligen Hospiz aus dem Mittelalter sozusagen per Dekret verordnet. «Kein Getrampel oder zu lautes Reden», steht auf der alten Hausordnung. Etwas Märchenhaftes, Verwunschenes hat dieses Haus mit den ausgestopften Schneehasen, Eichhörnchen, Gämsen und den rustikalen, bequemen Zimmern an sich. Hier ist die Uhr vor 100 Jahren stehen geblieben.

Das mag damals auch den weltberühmten holländischen Dirigenten Willem Mengelberg fasziniert haben. Er kaufte das Anwesen und errichtete daneben ein Sommerchalet, in das er gern Gäste wie etwa Richard Strauss, aber auch Einheimische einlud. Hier lebte er viele Jahre im Schweizer Exil, wurde ihm doch die fehlende Distanz zum Dritten Reich zum Verhängnis, sodass er in den Niederlanden zur Persona non grata erklärt wurde.

Inzwischen sind der Hof Zuort und die dazugehörende Villa, das Blockhaus und die kleine Holzkapelle im Besitz von Dr. Peter Robert Berry IV., einem Nachkommen der St. Moritzer Ärztedynastie. «Zuort ist eine Zeitinsel», stellt er fest. «So war das Engadin vor 150 Jahren.» Das Interieur des Hotels hat er im Urzustand sorgfältig restaurieren lassen. Fauteuils, alte Fotoalben, die Bibliothek und die Mengelberg-Suite sind noch so, als wäre der Komponist eben zur Tür hinausspaziert. Die Betten sind allerdings neu – schliesslich kennt Dr. Berry den Wert von Ergonomie und Komfort.

Adresse Hof Zuort, 7556 Valsot-Ramosch, www.zuort.ch | **Anfahrt** H 27, Silvaplana – Martina, in Ramosch Richtung Vnà abbiegen, bis Vnà, dort zu Fuss rund eine Stunde dem beschilderten Wanderweg folgen | **Öffnungszeiten** Sommer und Winter siehe www.zuort.ch | **Tipp** Vom Hof Zuort aus kann man eine leichte Wanderung zur Maiensäss-Siedlung Griosch unternehmen. Dort werden Wandernde in der Alpwirtschaft mit selbst gemachten Köstlichkeiten bewirtet.

91 Die Bauernhof-Kirche

Der König, der in der Kirche wohnte

Es ist keine Erfindung der Neuzeit, nicht mehr benutzte Kirchen ihres Zweckes zu entfremden. So erging es schon vor mehr als 200 Jahren San Niclà bei Strada, dem schmucken Kirchlein aus dem späten 12. Jahrhundert, rund 15 Kilometer von Scuol entfernt. Als sie nicht mehr als Gotteshaus gebraucht wurde, weil eine neue Kirche im Dorf erbaut worden war, wurde das romanische Bauwerk mit dem einschiffigen Langhaus, einer überwölbten Apsis und dem Turm in ein Bauernhaus umgewandelt. Eine Familie König aus Chaflur bewohnte es. Der Hausherr habe nach ein paar Bier im Wirtshaus schon mal geprahlt: «Ich bin der König und wohne in der Kirche.»

In der Unterengadiner Erzählung «Der rote Rock» beschreibt Tina Truog-Saluz, wie die einstige Kirche genutzt wurde: «Zuunterst im Turm lagen Küche und Wohnraum, darüber die Kammer. Die Kirche selbst diente als Scheune.» Nicht alles stimmte mit dieser Beschreibung überein, was Jachen Erni vor ein paar Jahren vorfand, als er mit der Fundaziun pro Baselgia San Niclà das Gebäude vom vormaligen Besitzer kaufte, um zu verhindern, dass die älteste Kirche der Region in ein Ferienhaus umgestaltet wird. Die Apsis war zum Teil zerstört, die ehemalige Rundbogen-Kirchentür zugemauert und der Turm, der als Kamin genutzt worden war, komplett schwarz.

Besucht man heute die Kirche, sieht man keine Spuren dieser Zwischennutzung mehr. Auch das Gemälde von Christophorus, dem Heiligen der Brückenbauer und Reisenden, ist an der Turmfassade noch erhalten. Frisch restauriert dient die Kirche nun nicht nur kirchlichen Zwecken, sie ist vor allem ein Ort der Kultur. Weil die Akustik im Kirchenraum besonders gut ist, finden in den Sommermonaten Konzerte junger, einheimischer Künstler, Vorträge, Lesungen, aber auch Kino- und andere Vorführungen statt. Sogar Glocken hat die Kirche wieder. Im Klang sind sie genau auf diejenigen der Kirche in Strada abgestimmt.

Adresse San Niclà, 7558 Valsot-Strada, www.san-nicla.ch | **Anfahrt** H 27, Silvaplana – Martina, bei San Niclà rechts abbiegen | **Öffnungszeiten** im Sommer täglich 8 – 19 Uhr | **Tipp** Die revitalisierte Inn-Aue bei Strada ist ein wahres Naturparadies – sowohl im Wasser wie auch an Land. So leben hier Elritzen und Groppen, aber auch Flussuferläufer, Grasfrösche und Erdkröten.

92 Die Stamparia

Wo Gutenberg seine Spuren hinterliess

Es ist keinem Papst im 17. Jahrhundert wohl je in den Sinn gekommen, in das kleine Dörfchen Strada zu reisen, obwohl die italienische Grenze nicht weit entfernt ist. Dabei hätten sie allen Grund gehabt. Schliesslich verboten sie beim Aufkommen der ersten Buchdruckereien, die Bibel und sonstige Schriften zu drucken. Ihr kritischer Blick ging dabei eher in die damaligen Wissenszentren wie Basel, Genf oder Zürich. Das wussten die schlauen Intellektuellen sehr wohl, und so entflohen sie der Zensur, indem sie in abgelegenen Gegenden, etwa dem Unterengadin, ihre Schriften drucken liessen. Zum Beispiel von Buchdrucker Nuot Cla Janett, der erst in Scuol, dann in Tschlin und schliesslich ab 1689 in Strada ganz unbehelligt der schwarzen Kunst frönen konnte.

Davon zeugt das Haus in Strada, das heute die Stamparia beherbergt. Die hölzerne Handdruckpresse von 1650 nach Johannes Gutenberg, mit der Janett anno dazumal druckte, ist zwar nicht mehr im Original zu bestaunen, da diese nun im Rätischen Museum in Chur steht. Ein exakter Nachbau von 1998 erlaubt es aber, dass im Untergeschoss des Buchdruckmuseums noch wie im 17. Jahrhundert gedruckt werden kann. Hier stehen eine ganze Anzahl Nachfolgemodelle, wie etwa die Kniehebelpresse von 1850, diverse Handtiegelpressen, Tiegelautomaten und eine Buchdruckschnellpresse von 1900. Ebenso ausgestellt sind das von Gutenberg erfundene Handgiess-Instrument zur Herstellung von Lettern oder eine Giess- und Setzmaschine Linotype, eine Erfindung aus der Mitte des 19. Jahrhunderts.

Wahre Trouvaillen befinden sich im Erdgeschoss des Museums, wie etwa Originale der Erstübersetzungen der Bibel ins Unterengadiner Romanisch von 1679 oder ins Surselvisch-Romanisch von 1718. Und natürlich ein Vollfaksimile der 42-zeiligen Gutenberg-Bibel. Der Papst hätte an den wunderschönen, reich verzierten Büchern bestimmt seine Freude gehabt.

Adresse Stamparia, Strada, 7558 Valsot-Strada, www.stamparia.ch | **Anfahrt** H 27, Silvaplana–Martina, vor Strada bei San Niclà links abbiegen auf Las Rossas, der Strasse rund 800 Meter folgen | **Öffnungszeiten** Anfang Mai–Ende Okt. Sa 15–17 Uhr oder nach telefonischer Vereinbarung | **Tipp** Jeweils im Winter führt zwischen Scuol und Sent ein drei Kilometer langer Eisweg dem Inn entlang, den man mit Schlittschuhen befahren kann. www.eisweg-engadin.ch

93__Das Stall-Kino

Hollywood im Bergdorf

In einem Bergdorf erwartet man Natur pur statt Hollywood. Doch genau diese Welten treffen in Tschlin aufeinander. Nahe dem Dorfplatz gibt es eines der wohl speziellsten Kinos der Schweiz – in einem ehemaligen Stall. Wäre da nicht das kleine Schild «Kino» neben der Tür, könnte man den Eingang glatt übersehen. Als wollte man den Berglern den Schritt in die Filmwelt ein bisschen weniger abrupt gestalten, schlägt einem im Tschliner Kino tatsächlich erst einmal Stallgeruch entgegen. Nichts ist da inszeniert: Im Vorraum, der nun als Entrée dient, standen tatsächlich einmal Kühe, Ziegen und Schafe. Im Hauptraum, der in ein kleines, aber feines Lichtspieltheater umgewandelt wurde, erinnert dagegen nichts mehr an die vormalige Nutzung. Hell ausgebaut bietet er Platz für rund 40 Besucherinnen und Besucher – wenn man eng zusammenrückt.

Das Startkapital für die Infrastruktur bekam das Kino durch die Liquidierung des Ponyskilifts «Runal da Tschlin». Davon konnte man die nötigen Umbauten und Sitzgelegenheiten finanzieren. Und weil es so einfacher ist, die Rechte für die Filmvorführungen zu erhalten, gründete man einen Club. Rund 100 Kinointeressierte aus der Region sind Mitglied und bezahlen für die Vorstellungen keinen Eintritt, sondern einen jährlichen Mitgliederbeitrag.

Gezeigt werden nicht nur die aktuellen Filmhighlights, sondern auch Klassiker wie «Love Story», «Reise der Hoffnung» oder «Einer flog übers Kuckucksnest». Wichtig sind dem Kino-Team aber vor allem spezielle Filme, die mit der Region verbunden sind, wie etwa der «Schellen-Ursli» oder romanische Filme wie derjenige über das Buch «Akkord / Il retuorn» von Oscar Peer oder über den Jäger «Gian Marchet Colani».

Das kleine Stall-Kino wird übrigens von Anne, Duri, Flurin, Giovannina, Gretta, Ottiglia und Tina geführt. Sie wohnen alle in Tschlin und engagieren sich mit grosser Leidenschaft für die Erhaltung der Kultur im Dorf.

Adresse Kino Tschlin, Plaz, 7559 Valsot-Tschlin | **Anfahrt** H 27, Silvaplana–Martina, bei Jassa Sura links Richtung Tschlin abbiegen, bis zum Dorfeingang, dort parken und zu Fuss via Bügl Da Pedvi bis Plaz, dann rechts die Gasse hinunter und beim ersten Haus links | **Öffnungszeiten** Jeden 2. Dienstag im Monat, der Spielplan ist ersichtlich unter Veranstaltungen auf www.buntschlin.ch | **Tipp** Von Tschlin führt der Themenweg «Senda dal magliavirüclas» (Warzenbeisserpfad) in rund zwei Stunden nach Strada. Die Tafeln vermitteln Wissenswertes rund um die Natur und Kultur im Unterengadin, insbesondere natürlich über die gleichnamige Heuschrecke.

94__Die Wiege der Fränzlis

Wo die Gaststube auch zum Tonstudio wird

«I vegnan ils Fränzlis!», schallte es Ende des 19. Jahrhunderts des Öfteren durch die Dörfer des Engadins. Dann war Tanz bis in die Morgenstunden mit Fränzli Waser und seinen Brüdern angesagt. Fränzli, ein kleiner, schmächtiger Mann, war damals so etwas wie der Stevie Wonder des Engadins – ein Musikgenie. Blind geboren, konnte er auf dem elterlichen Bauernhof kaum mitarbeiten und widmete sich dafür umso intensiver der Musik, insbesondere dem Geigenspiel. Seine jenischen Wurzeln spiegelten sich auch in seiner Musik wider, die sich von der damaligen Schweizer Volksmusik abhob und schnell als Fränzli-Musik für Furore sorgte.

Ob seine Kapelle auch in der Chasa Muttler aufgetreten ist, ist nicht überliefert, aber wahrscheinlich. In dem prächtigen Haus am Bügl sot, das mit Restaurant, Pension und Dorfladen zu jener Zeit der Kulturtreffpunkt von Tschlin war, lebten wohlhabende Leute. Dass das Haus rund 100 Jahre später für die Fränzli-Musik wieder von Bedeutung wurde, ist eher Zufall. Nach dem Tod von Fränzli Waser 1895 geriet seine Musik in Vergessenheit. Es war Anfang der 1980er Jahre, als der Musiker Men Steiner die traditionellen Stücke hervorholte und die Gruppe «Ils Fränzlis da Tschlin» gründete. Zwar wirkt dort kein Franz mit, dafür ist der Name der Nachfahren Janett umso präsenter. In der ganzen Schweiz sind sie bekannt für ihre Polkas, Mazurkas, Walzer und Märsche. Obwohl das Restaurant und die Pension schon lange geschlossen sind und das Haus nur noch als Feriendomizil der Janetts genutzt wird, ist es im Dorf immer noch als «das Muttler» bekannt. Musiziert wird darin noch oft. Ebenso in der Gaststube, die auch mal zum Tonstudio umfunktioniert wird.

Wenn die «Ils Fränzlis da Tschlin» wieder einmal zu einem Workshop laden, ist ganz Tschlin im Fränzli-Fieber und fiebert auf das Abschlusskonzert hin. Das findet dann in der Mehrzweckhalle statt, damit alle Platz haben.

Adresse Bügl sot, 7559 Valsot-Tschlin | **Anfahrt** H 27, Silvaplana – Martina, bei Jassa Sura links Richtung Tschlin abbiegen, bis zum Dorfeingang, dort parken und zu Fuss via Bügl Da Pedvi bis Bügl sot | **Öffnungszeiten** Das Haus ist nur von aussen zu besichtigen; Workshops und Konzerte unter www.fraenzlis.ch. | **Tipp** Den Wald mal aus der Vogelperspektive betrachten kann man im Seilpark in Sur En, rund sechs Kilometer von Scuol entfernt. Neun verschiedene Parcours mit einer Gesamtlänge von über 1.000 Metern warten auf Abenteurer. www.seilpark-engadin.ch

95 Die Festungsanlage

Haltestelle an der «Autobahn der Römer»

An dieser Festung gab es kein Vorbeikommen – zumindest nicht für die Ritter im Spätmittelalter. Aber auch schon zu Römerzeiten führte die Via Claudia Augusta von Venedig nach Augsburg durch diese enge Schlucht. Sie war sozusagen die «Autobahn der Römer». Heute ist die Altfinstermünz von der Hauptstrasse bei Vinadi aus kaum mehr sichtbar und liegt unten in der Innschlucht. Dabei handelt es sich um eine der wohl bestrenovierten Festungsanlagen im Alpenraum. Über dem Inn thront ein markanter Brückenturm, dessen Pechnase an die Gepflogenheiten des Mittelalters zur Abwehr von Feinden erinnert. Zu beiden Seiten führt je eine Holzbrücke ans Ufer, die auf österreichischer Seite gedeckt und auf Schweizer Seite offen ist.

Urkundlich erstmals erwähnt wurde die Festungsanlage «Castrum Luech in Vinstermincz» 1263. Es war dann der lebenslustige Herzog Sigmund – er soll zwischen 40 und 90 uneheliche Kinder gezeugt haben –, der ab 1472 die Finstermünz zu einer Grenzfestung ausbauen und das Schlösschen «Sigmundseck» an den Fels kleben liess. Später erweiterte Kaiser Maximilian I. die Festungsanlage um einen mächtigen Torturm, den Klausenturm. Erst 1605 wurde die Kapelle Maria Himmelfahrt am Innufer errichtet.

Als Mitte des 19. Jahrhunderts die Reschenstrasse gebaut wurde, verlor der einst so wichtige Innübergang an Bedeutung und drohte nach Hochwasser und einem Brand zu verfallen. Dass die spätmittelalterliche Festungsanlage heute wieder fast in neuem Glanz erstrahlt, ist dem Verein Altfinstermünz zu verdanken, der seit 2004 rund vier Millionen Euro in die Renovation gesteckt hat. Unter dem «Sigmundseck», das durch den Felsenhöhlengang erreichbar ist, wurde ein Besucherzentrum aus Beton, Stahl und Glas in die Ruine eingebaut. Aussen führt eine Aussichtstreppe zum alten, nicht mehr vorhandenen Wehrgang mit wunderbarem Blick über die Anlage, und im Wirtschaftsgebäude befindet sich nun ein Restaurant, die Klausenschenke.

Adresse Altfinstermünz, 7560 Valsot-Vinadi, www.altfinstermuenz.com | **Anfahrt** H27, Silvaplana–Martina, in Vinadi nach der Abzweigung Richtung Samnaun 100 Meter weiterfahren und vom Parkplatz aus zu Fuss in rund 15 Minuten auf dem ausgeschilderten Weg zur Altfinstermünz | **Öffnungszeiten** Mitte Mai–Mitte Okt. Di–So 11–16.30 Uhr | **Tipp** Das Rote Seeli in Samnaun hat diesen Namen nicht umsonst: Eine seltene Algenart färbt das Wasser des Sees zuweilen rot. Von Samnaun-Dorf wandert man bis zur Maisaer-Hirtenhütte, dann weiter bis zur Maisas-Waldgrenze, von dort in Richtung Ziegenköpfli-Maisaser-Löcher bis unterhalb der Schwarzwand und dann leicht ansteigend bis zum Roten Seeli.

96_Die Chamanna Cluozza

Wo die Tiere regieren

Verkehrte Welt im Nationalpark: Plötzlich sind die Menschen in der Unterzahl und werden neugierig von den tierischen Bewohnern beäugt. Steht man auf dem Vorplatz der Cluozzahütte, fühlt man sich schon bald wie ein Zoobewohner. Dort drüben am Hang schaut eine Herde Gämsen aufmerksam in unsere Richtung. Über uns kreist ein Steinadler und scheint unser Reservat zu beobachten. Das Revier für die Menschen ist im Nationalpark schliesslich genau abgesteckt. Die Tiere hingegen haben überall Vortritt. Als würden die Wanderer schon ob dieses Umstands eine Spur demütiger, herrscht eine andächtige Stimmung. Alle reden nur noch im Flüsterton. «Dort drüben sind noch mehr Tiere», macht der Hüttenwart seine Gäste aufmerksam und sucht mit dem Feldstecher die Gegend ab.

Nicht lange ist es her, dass wir in Zernez noch mitten in der Zivilisation standen. Nun geniessen wir Natur pur und blicken ins wilde Cluozzatal, die Urzelle des Schweizerischen Nationalparks, die bereits 1909 unter Schutz gestellt wurde. Dazwischen liegt eine abwechslungsreiche, rund dreistündige Wanderung – zuerst durch bunte Blumenwiesen und lichte Lärchen-Fichtenwälder im Gebiet Selva, dann über einen steilen Aufstieg nach Prasüra und Il Pra bis Fops hinauf. Vom Rastplatz aus bekommen wir einen ersten Eindruck der imposanten Kulisse. Mit einem Fernrohr sehen wir sogar die Felsplatte mit den versteinerten Saurierfährten am Piz dal Diavel. Danach führt der Weg die Steilhänge entlang, was etwas Schwindelfreiheit und Trittsicherheit verlangt, bevor wir die Cluozzahütte erreichen.

Sie ist die einzige im Gebiet des ganzen Nationalparks, in der man auch übernachten kann. Wenn sich am Abend die Gäste spätestens um 22 Uhr in ihre Mehrbettzimmer zurückziehen, herrscht absolute Ruhe. Handyempfang hat man hier keinen. Ein weiterer Grund, warum man sich hier der Zivilisation so entrückt fühlt.

Adresse Chamanna Cluozza, 7530 Zernez | Anfahrt mit öffentlichen Verkehrsmitteln bis Zernez, von dort aus zu Fuss gut drei Stunden dem ausgeschilderten Wanderweg bis zur Cluozzahütte folgen | Öffnungszeiten Mitte Juni – Mitte Okt., nur auf Vorreservierung unter Tel. 081/8561235 oder cluozza@nationalpark.ch | Tipp Die Chamanna Cluozza ist idealer Ausgangspunkt für Wanderungen über den Murtersattel zur Ofenpassstrasse oder über die Fuorcla Val Sassa (Alpinwanderweg!) in Richtung Val Trupchun. www.nationalpark.ch

97 Die Galgensäulen

Wo der Scharfrichter amtete

Gespenstisch wird einem zumute, wenn man von Zernez her kommend in das verengte Tal entlang des Inn bis zum Wald «God da Güstizia» Richtung Susch wandert. Zwei grosse Säulen ragen in den Himmel, die auf den ersten Blick wie Kamine aussehen. Doch sie hatten einen anderen Zweck. Ein kleines Schild löst das Rätsel: «Galgen» steht da. Es ist die Richtstätte aus dem Mittelalter für die Dörfer Zernez, Susch, Lavin, Guarda, Ardez und Ftan. Ein grauenvoller Ort. Die Fuorcha, wie die Galgen auf Romanisch heissen, sind etwa vier Meter hoch und haben einen Durchmesser von anderthalb Metern. Auf einer kleinen Ebene oberhalb des Weges stehen sie in einem Abstand von rund sechs Metern nebeneinander.

Wie die Hinrichtung vor sich ging, weiss Deutschlands Galgenpapst, der Archäologe Jost Auler: «Obendrauf, also in grösstmöglicher Höhe, war ein hölzerner Querbalken befestigt. Gehenkt wurde mit Ketten oder Seilen. Zwei Leitern dienten dem finalen Akt: Eine für den Henker, eine für den Delinquenten. Beide stiegen rauf, dem Verurteilten wurde die Schlinge um den Hals gelegt, der Scharfrichter kam wieder herunter und trat die Leiter des Verurteilten weg.»

Zehntausende solcher Richtstätten muss es im Mittelalter und in der frühen Neuzeit in Europa gegeben haben. Nur wenige sind noch so gut erhalten wie die Galgen von Zernez. Schriftliches ist wegen der Dorfbrände nicht mehr vorhanden. Immerhin, der Schriftsteller Oscar Peer aus Lavin hat den Ort in seiner Erzählung «Akkord/Il retuorn» verewigt. Darin erinnert sich der Protagonist an die Richtstätte, wo als letztes Opfer vor 100 Jahren eine junge Frau hingerichtet wurde, und macht sich Gedanken über diese Person, ihre Gestalt, ihr Gesicht an dem Tag, als man sie zur Hinrichtung in die Schlucht führte – vorneweg der Henker und ein paar Gerichtspersonen, dahinter die Meute der Schaulustigen, die sich das Spektakel nicht entgehen lassen wollten.

Adresse 7530 Zernez | **Anfahrt** H 27, Silvaplana – Martina, in Zernez bis Dorfmitte, von dort zu Fuss auf Ers Curtins und entlang der Wegschilderung am Inn Richtung Susch wandern; nach rund einer Dreiviertelstunde erreicht man eine Feuerstelle, gleich daneben befindet sich die Richtstätte mit den Galgen | **Tipp** Mit dem GPS den putzigen Murmeltieren oder den geheimnisvollen Hirschen auf der Spur – das kann man auf dem Kinderpfad Champlönch erleben. Er führt vom Parkplatz 1 beim Ofenpass Richtung Alp Grimmels. Das Kinder-GPS können Familien im Nationalparkmuseum mieten. www.nationalpark.ch

98 Die Raumschraube

Das Nationalparkzentrum von Valerio Olgiati

Schlicht, gradlinig, kompakt und zeitlos modern wirkt das Gebäude des Architekten Valerio Olgiati zwischen dem Schloss Planta-Wildenberg und dem Schulhaus-Schwimmbad-Komplex in Zernez. Dass darin das Besucherzentrum des Schweizerischen Nationalparks untergebracht ist, mag auf den ersten Blick erstaunen. Vielleicht hätte man bei einem Haus, in dem die Natur im Mittelpunkt steht, eher einen Holzbau erwartet. Doch auch der Kubus steht für Ökologie und Nachhaltigkeit. Die Hülle aus Leichtbeton, der nebst Kies, Wasser und Zement geblähte Tonkügelchen enthält, wirkt nämlich isolierend.

Jeder Winkel, jede Treppe, jedes Fenster ist bei diesem Monolith wohlüberlegt gesetzt. Würde man ihn von oben betrachten, sähe man zwei identische Würfel, die an jeweils einer ihrer Ecken mit einem dritten, kleineren Würfel verbunden sind und das Bild eines Schmetterlings abgeben. Die stets identischen Raumgrundrisse werden immer wieder gespiegelt, sodass man als Besucher beim Rundgang schon bald die Orientierung verliert. Spätestens wenn man vorbei an der Info-Theke und der Wechselausstellung im Parterre ins Obergeschoss gelangt, ist die Verwirrung perfekt. Die Treppen sind auf der Symmetrieachse gespiegelt und verengen sich nach oben. Wie eine Schraube führt der Weg von Raum zu Raum in die oberen Stockwerke und anschliessend wieder hinunter. Ohne es zu merken, durchläuft man in jedem Geschoss eine volle Drehung.

Dank dieser klugen Architektur fühlen sich die Besucher perfekt durch die Ausstellung geführt. Denn diese weiss zu fesseln – mit eindrücklichen Naturfilmen über Tiere und Pflanzen im Jahreslauf, mit Einblicken in die gestaltende Kraft der Natur, aber auch mit Beispielen dafür, wie sich die Natur verändert, wenn der Mensch eingreift. Und zum Schluss werden die Besucher selbst zu Visionären, indem sie ihre eigenen Ideen für die Zukunft des Nationalparks formulieren dürfen.

Adresse Besucherzentrum Schweizerischer Nationalpark, 7530 Zernez | Anfahrt mit der Bahn bis Zernez, von dort der Ausschilderung circa zehn Minuten zum Nationalparkzentrum folgen | Öffnungszeiten Aktuelle Öffnungszeiten unter www.nationalpark.ch | Tipp Unterhalb des Munt da Buffalora am Ofenpass befinden sich alte Bergwerke, in denen im Mittelalter Eisenerz abgebaut wurde. Bei einer Besichtigung erfährt man Wissenswertes über die Zeugen des ehemaligen Bergbaus.

99 Der Scheidepunkt

Bei Punt Ota teilt sich das Engadin

Immer wieder wird darüber gerätselt und diskutiert, wo die Grenze zwischen Ober- und Unterengadin verläuft. Dabei ist der Verlauf klipp und klar bestimmt: Punt Ota. Doch wo liegt das? Es ist ein kleines Flüsschen ausserhalb von Brail Richtung Cinuos-chel. Manche sagen auch, es teile das Tal in eine Zweiklassengesellschaft: Oben das mondäne, kosmopolitische Oberengadin, die «Engiadin'Ota», unten das eher bodenständige, raue Unterengadin, die «Engiadina Bassa».

Den Unterschied macht schon der Inn, der das Südtal durchfliesst. Oben plätschert er beschaulich und wird allmählich breiter, unten verengt er sich wieder und kann schon mal zum wilden, tosenden Fluss werden. Oben die liebliche Seenlandschaft auf dem offenen Hochplateau; unten zeigt sich das Tal grösstenteils schluchtartig und stösst in Scuol auf das Unterengadiner Fenster, ein geologisches Phänomen, das durch eine tektonische Überlagerung von jüngeren Gesteinen durch ältere entstanden ist. Weil die Winde aus unterschiedlichen Richtungen kommen – im Oberengadin aus dem Süden, im Unterengadin aus dem Norden –, gibt es auch Unterschiede im Klima. Gut möglich, dass in St. Moritz die Sonne scheint und es in Scuol schneit – oder umgekehrt. Selbst sprachlich lassen sich die beiden Talschaften nicht über einen Leisten schlagen: Oben wird Puter gesprochen, unten Vallader. Immerhin sind die beiden romanischen Dialekte ähnlich, sodass sich die Ober- und die Unterengadiner verstehen.

So eindeutig, wie der Bach Ova da Punt Ota in Brail eine trennende Linie zieht, ist es nicht immer. Zernez etwa gehört politisch zum Unter-, wurde touristisch lange dem Oberengadin zugeordnet und kam erst 2019 zum Unterengadin. Und am obersten Ende des Engadins liegt Maloja, das politisch zwar zum Bergell gehört, geografisch aber dem Oberengadin zugeordnet wird. Eine verbindende Linie gibt es aber: die «Via Engiadina». Dieser 82 Kilometer lange Höhenweg führt von Martina nach Maloja – auch vorbei an Punt Ota.

Adresse Punt Ota, Zernez-Brail | **Anfahrt** H 27, Silvaplana – Martina, in Brail vor der Dorfeinfahrt links abbiegen auf Chaunt Baselgia, dort parken und zu Fuss dem Wegweiser Richtung Punt Ota folgen | **Tipp** Beim Bahnhof in Cinuos-chel führen Gudi und Sabrina Campell in dritter Generation das charmante Hotel-Restorant Veduta und verwöhnen die Gäste mit köstlichen Bündner Spezialitäten. www.veduta.ch

100_Die Bahnwärterhäuser

Zwischen Buchdeckeln verewigt

Meist macht es «wusch», und schon sind sie am Betrachter vorbei – die markanten Bahnwärterhäuser mit den roten Fensterläden von Carolina. Auf der Strecke zwischen Brail und Zernez stehen sie einsam auf einer Waldlichtung – zwei Häuser direkt an der Bahnlinie und zwei Häuser gut 200 Meter von der Bahnstation entfernt. Eine Bahnstation ist Carolina aber schon eine Weile nicht mehr. Bis 1999 wurde sie immerhin noch bedient, sodass Wanderer zu- und aussteigen konnten. Allerdings dient der Ort heute noch als Ausweichstelle der Rhätischen Bahn. Und so kann es doch einmal vorkommen, dass man im Zug sitzt und hier für einen Moment stehen bleibt, weil der Gegenzug abgewartet werden muss.

So einsam und verlassen sie hier stehen mögen, es gab in dem Weiler durchaus einmal Leben. Die Häuser von Carolina wurden in den ersten Jahrzehnten nach ihrer Erbauung durch Meinrad Lorenz von mehreren kinderreichen Familien bewohnt. Die Funktionen der vier Häuser waren genau aufgeteilt: Im Stationswärterhaus mit Büro wohnte der diensthabende Wärter. Im danebenstehenden die Ablösung. Und in den weiter entfernten Häusern die Streckenwärter, die täglich zweimal zu Kontrollzwecken die Bahnlinie abliefen – einer in Richtung Zernez, der andere in Richtung Cinuos-chel.

Zeitweise wohnte auch die Familie Peer in Carolina. Dank der Söhne, den Schriftstellern Andri und Oscar, erfährt man viel über das einsame, harte Leben in diesem heute nur noch als Feriendomizil genutzten Weiler. So sind Andri Peers Kurzgeschichten «Weihnachten in Carolina» sowie Oscar Peers «La rumur dal flüm» (Das Raunen des Flusses) eine Art Vermächtnis eines Ortes geworden, der heute kaum mehr jemanden interessiert.

Wer sich Carolina nähern will, muss schon zu Fuss kommen. Zum Beispiel von Cinuos-chel her über den Inn in Richtung God Pignaint. Schon bald führt der Weg mehrheitlich entlang der Bahnlinie zu den Carolina-Häusern.

Adresse Carolina, 7530 Zernez-Carolina | **Anfahrt** H 27, Silvaplana–Martina, bis Cinuos-chel, Abfahrt auf Suot Il Chaunt, dort parken und über die Innbrücke auf den Wanderweg in Richtung Zernez bis Carolina | **Tipp** Von Zernez oder Lavin aus erreicht man in rund sieben Stunden die Macun Seenplatte, die seit 2000 zum Schweizerischen Nationalpark gehört. Das Seenplateau besteht aus 23 Karseen und liegt auf 2.600 Metern über Meer. www.nationalpark.ch

101_Der Artischockenbauer

Delikatessen mit weichem Herz

Jürg Wirth schreitet durch seinen Acker und kniet vor den distelartigen Stauden nieder. Mit der Hand drückt er sanft an deren faustgrossen Knospen, schnuppert und lächelt erfreut. «Sie sind schon fast perfekt», meint der Bergbauer aus Lavin. Was er in den Händen hält, sind Artischocken. Ja, diese mediterranen Gewächse gedeihen auch im Engadin – dank der sonnigen Lage des Ackers von Jürg Wirth auf 1.432 Metern. Sie seien ganz pflegeleicht, genügend Feuchtigkeit und regelmässiges Jäten reichen schon. Nur auf die Idee muss man kommen, die edle Delikatesse hier anzupflanzen. So ist Jürg Wirth der erste und einzige Artischockenbauer des Engadins.

Doch Jürg Wirth ist nicht nur Gemüsebauer, er ist auch Melker und Metzger, Wurster und Käser. Neben den Artischocken bietet er Frischfleisch, Kartoffeln, Käse und Würste an. «Nur eines allein könnte ich nicht machen», meint der umtriebige Aargauer, der seit 2003 mit seiner Familie im Engadin lebt. Dazu ist er auch noch Journalist und Wirt. Bauernluft hatte er einst als Zivildienstler geschnuppert – auf dem Hof Uschlaingias, den er heute besitzt und als Demeter-Betrieb führt.

Zurück zu den Artischocken: Das Blütengemüse findet im Tal reissenden Absatz. Zu Wirths Kunden zählen diverse Fünf-Sterne-Hotels, aber auch Privatleute. Sie schwärmen vom intensiven Gout seiner Artischocken. «Es gibt hier zwar weniger Ertrag, aber dafür sind die Blütenknospen voller Kraft und Geschmack.» Ende August bis in den Spätherbst kann er von den 350 gesetzten Stauden ernten. In den Hotels werden seine Edeldisteln auch schon mal zu cremigen Glaces oder Cakes verarbeitet. Wirth selbst hält es am liebsten ganz einfach: Erst schneidet er die äussersten Blätter zu zwei Dritteln weg, mariniert sie dann mit Olivenöl, Paniermehl und Knoblauch und schiebt sie für eine halbe Stunde in den Ofen – fertig ist das Artischockengericht.

Adresse Jürg Wirth, Suzöl 28, 7543 Zernez-Lavin | **Anfahrt** H 27, Silvaplana–Martina, bis Lavin | **Öffnungszeiten** auf Voranmeldung unter Tel. 081/8603341 oder info@uschlaingias.ch | **Tipp** Im Bahnhof Lavin ist der Wartesaal auch ein Bistro. Dieses hat jeweils von Freitag bis Sonntag geöffnet und bietet neben kleinen Köstlichkeiten auch kulturelle Häppchen mit Lesungen, Konzerten oder Kinovorführungen im Schopf. www.staziun-lavin.ch

102_Der rosarote Palast

Im Hotel Piz Linard ist so manches anders

«Wir sind rosa und träumen von rosig» – so heisst es im hauseigenen Prospekt. Rosa ist das stattliche Haus am Dorfplatz von Lavin tatsächlich. Seit 40 Jahren trägt das Hotel Piz Linard dieses süsse Kleid. Seine Geschichte ist um einiges älter, mittlerweile schon über 150 Jahre alt, und immer noch spürbar bei jedem Atemzug. Seit Hans Schmid, einst Chef des kantonalen Kulturamtes St. Gallen, 2007 das Zepter übernahm, weht jedoch ein frischer Wind. Erfahrungen als Hotelier hatte er zwar keine, dafür eine Tüte voller Visionen und Ideen. Eine rosarote Brille hat er sich nicht aufgesetzt, zu gut weiss er um das Risiko eines solchen Unternehmens. So hat er sich gleich zu Beginn 200 Aktionäre ins Boot geholt, die ihn bei der Umsetzung seiner Pläne unterstützen.

Erst einmal hat Schmid die 23 Gästezimmer individuell von Künstlern gestalten lassen. Unkonventionell, überraschend und einladend – wie etwa das Zimmer «Giarsun» von Luis Bischoff mit dem Bett auf der archaisch stählernen Bühne, das Zimmer «Bregaglia» von Martin Leuthold und Michael von Arx mit alten Deckenmalereien oder das grosse Dachzimmer «suot il tet» von Madlaina Lys und Flurin Bischoff mit antiken Engadinerbetten, unverputzten Wänden und der Dusche in einem Kupferkessel.

Als Gast schwebt man tatsächlich auf einer rosaroten Wolke, wohin man im Hotel auch wandelt: in der Bibliothek im Gewölbekeller, im Atelier im alten Postlokal oder im Arvensaal von 1926 – und auch in kulinarischer Hinsicht. Regional geprägt ist die Piz-Linard-Küche, mit italienischem Einfluss: Thymianpolenta oder Kürbisrisotto, Blutwurstravioli oder Lammrücken. Und vielleicht wird dazu der weit gereiste Kontrabass hervorgenommen und der Abend zum Diner Musical. So werden Träume wahr. Derweil schlägt das Piz Linard ein neues Kapitel auf. Bruno Cruz übernimmt die Rolle des Gastgebers. Hans Schmid macht das Kunsthaus Lavin zum zweiten Standbein des Unternehmens.

Adresse Piz Linard, Plazza Gronda 62, 7543 Zernez-Lavin, www.linardlavin.ch | **Anfahrt** H 27, Silvaplana – Martina, vor Lavin rechts abbiegen auf Via Maistra, nach 550 Metern rechts abbiegen auf Plazza Gronda | **Öffnungszeiten** das Haus ist das ganze Jahr offen, fünf Tage die Woche von Mi – So; während der Saisonspitzen etwas länger am Stück | **Tipp** In S-chanf führt Imelda Schmid eine tiergerechte Wachtelfarm, wo man die Eier direkt ab Hof (www.wachtelei.ch) kaufen kann, alternativ beim Volg im Dorf.

103 Das Schwalbennest

Damit die Randulins wiederkommen

Wer glaubt, der Steinbock sei das Nationaltier der Engadiner, täuscht sich gewaltig. Es sind weit kleinere, zierlichere Tiere, denen diese Ehre gebührt: Schwalben. «Randulins» – so ihr romanischer Name – hat im Engadin aber noch eine andere Bedeutung. Er steht auch für Auswanderer. Und von diesen gab es im 19. Jahrhundert sehr viele. Das Leben war hart und karg in dieser Bergregion, Verdienstmöglichkeiten gab es neben der Landwirtschaft nicht viele. Also versuchten die Menschen ihr Glück auswärts, im Ausland. Viele zogen damals nach Italien, Frankreich, Deutschland, ja bis nach Russland.

Doch einmal Engadiner, immer Engadiner. Und so kehrten die Auswanderer aus aller Welt stets wieder zurück, wenn sie das Heimweh nach ihren Bergen zu sehr plagte. Meist kamen sie im Sommer und zogen im Herbst wieder in die Fremde – wie die Schwalben. Viele der Randulins machten im Ausland das grosse Geld als Handwerker, Cafetiers oder Zuckerbäcker und liessen sich in ihrer Heimat riesige Palazzi bauen, meist von italienischen Baumeistern. Wie etwa in Lavin, das mit seinen mehrstöckigen Flachdachhäusern, den grossen Plätzen und den breiten Strassen deshalb als das «italienischste Dorf» im Engadin gilt.

Auch die Schwalben lassen sich im Dorf gern nieder, denn am Inn finden sie viele Insekten. Weil aber ihre Kugelnester aus Speichel, Lehm und Erde nicht ewig halten oder sie von besonders eifrigen Hausbesitzern immer wieder entfernt werden, haben einige Laviner vor ein paar Jahren zu einer «acziun randulinas» aufgerufen. Damit die Mehlschwalben wieder genügend Nistplätze finden, haben sie in Zusammenarbeit mit der Vogelwarte Sempach ein paar Dutzend Kunstnester aus Holzbeton an die Hausfassaden montiert. Rund 20 von ihnen sind nun wieder regelmässig besetzt. Und die Schwalben kommen jeden Sommer wieder und beleben das Dorf – wie einst die ausgewanderten Randulins.

Adresse 7543 Zernez-Lavin | Anfahrt H 27, Silvaplana – Martina, am Dorfeingang von Lavin in Richtung Zentrum, parken und zu Fuss durch das Dorf spazieren | Tipp Auf der Gemeindegrenze zwischen Susch und Lavin, gleich gegenüber dem Verladebahnhof Sagliains, liegt die Felslandschaft Foura Baldirun. In deren Höhlen und Löchern sollen im Jahre 1622 der Legende nach die Suscher und Laviner Unterschlupf vor dem verheerenden Feldzug des österreichischen Obersten Baldirun gefunden haben. Der Weg zur Foura ist ab Susch Sur Punt durch einen Wegweiser markiert.

104 Das verschwundene Dorf

Die Ruinen von Gonda

Auf den ersten Blick sehen die Steinhaufen am Wegrand der alten Verbindungsstrasse zwischen Lavin und Guarda aus wie Trockensteinmauern. Es sind jedoch Überreste mittelalterlicher Wohnhäuser. Manche zeigen nur noch Teile einer Wand, andere lassen die Grösse der Häuser besser erahnen. In dieser schönen Lage mit herrlicher Aussicht stand einst ein ganzes Dorf. Gonda hiess es, was im Romanischen so viel wie «Geröllhalde» oder «Steinhaufen» bedeutet.

Der Name klingt geheimnisvoll. Mit gutem Grund: Bis heute weiss man nicht, was mit dieser Siedlung passiert ist. 1570 noch beschrieb sie der Chronist Ulrich Campell als Dorf mit rund 30 Häusern. Um 1742 weiss Nicolin Sererhard zu berichten, dass Gonda verlassen und unbewohnt sei. War es der österreichische Feldherr Alois Baldiron, der um 1620 ins Tal einfiel? Oder waren es Lawinen oder Überschwemmungen des Baches, die die Dorfbewohner vertrieben haben? Die genauen Gründe werden für immer ein Geheimnis bleiben. Denn mit dem Dorfbrand von 1869 in Lavin sind alle Dokumente verschwunden.

Auch die 1983 gegründete «Fundaziun pro Gonda» kam dem Geheimnis nicht auf die Spur, versuchte aber, die Ruinen zu erhalten und zu sichern. Gerne hätte man den Ort genauer erforscht, weil die mittelalterliche Dorfstruktur nicht durch nachträgliche Überbauungen zerstört worden war. Halb versteckt hinter Baumästen weist eine ausgewaschene Tafel auf das einstige Dorf hin und zeigt auf, wo noch Ruinenreste zu sehen sind. Talseits des Weges hat man acht Hausruinen ausgemacht, die immer mehr von Pflanzen überwachsen oder als Gemüsegarten genutzt werden. Das Kirchlein auf der Bergseite ist vom Weg aus kaum sichtbar.

Die Stiftung wurde 2006 wieder aufgelöst – infolge öffentlichen Desinteresses. Immerhin zeigt ein Reliefmodell der Siedlung im Museum d'Engiadina Bassa in Scuol, wie das Dorf ausgesehen haben könnte.

Adresse Gonda, 7543 Zernez-Lavin | Anfahrt H 27, Silvaplana–Martina, bis Lavin Bahnhof, dort parken und zu Fuss dem Wanderweg auf der Via Maistra Richtung Guarda folgen, es sind bis Gonda circa 20 Minuten | Tipp Mitten in Lavin befindet sich die Gitarren-Werkstatt von Lukas Brunner. Hier stellt der gelernte Möbelschreiner in Handarbeit Gitarren her und bietet auch Kurse zum Selberbauen an. www.brunner-guitars.com

105 Der Kunstort

Wo einst Mönche Bier brauten, ist jetzt Kunst zu erleben

Eigentlich ist es egal, wo man im Engadin steht: Das unvergleichliche Licht, das schon so manchen Dichter, Schriftsteller und vor allem Künstler in das Hochtal gelockt hat, ist fast überall gleich. Und doch gibt es weisse Flecken auf der Landkarte, die bis anhin in einem Dornröschenschlaf lagen. Das Dorf Susch am Fuss des Flüelapasses zum Beispiel. Genau dort, in diesem Niemandsland zwischen St. Moritz und Scuol, hat eine polnische Mäzenin einen Kunstort geschaffen, der seinesgleichen sucht. Grażyna Kulczyk heisst sie und ist eine leidenschaftliche Kunstsammlerin zeitgenössischer Kunst, vorab von Frauen.

Dazu liess sie nicht einfach einen modernen Bau errichten, sondern erwarb ein Ensemble aus Pfarrhaus und Wirtschaftshäusern, die zu einem Benediktinerkloster aus dem 12. Jahrhundert gehörten, sowie der 1880 dazu gebauten Brauerei. Für das Muzeum (die polnische Schreibweise von Museum) haben die Architekten Chasper Schmidlin und Lukas Voellmy die existierenden Strukturen behutsam restauriert und mit neuen Anbauten kombiniert. Entstanden ist ein verwinkeltes Labyrinth mit echten Felshöhlen, rustikalen Holzräumen und hellen Galeriesälen, die über Treppen und unterirdische Gänge miteinander verbunden sind.

Fast symbiotisch fügen sich die Installationen in die Räume ein. In eine weisse Welt taucht man bei der Betrachtung von Sara Masügers Installation «Inn Reverse», die gleichzeitig Skulptur, Architektur und Landschaft ist. Ein meditatives Erlebnis bietet der sich langsam drehende Stahlzylinder von Miroslaw Balka. Spektakulär die schwarze Metallskulptur von Monika Sosnowska, eine massive Treppe, die über vier Stockwerke des Museums reicht. Und manchmal ist das Kunstobjekt schlicht die Natur selbst, wie der Raum mit einer Quelle, die meditativ über einen Felsen tropft.

Das Muzeum ist nicht nur Ausstellungsort, sondern auch ein Denk- und Experimentierraum mit Symposien, Vorträgen und Perfomances – und bringt so die Welt nach Susch.

Adresse Surpunt 78, 7542 Zernez-Susch, www.muzeumsusch.ch | **Anfahrt** H27, Silvaplana–Martina, in Susch rechts über die Brücke, auf die Strasse Surpunt | **Öffnungszeiten** Mi–So 11–17 Uhr, Parkplätze am gegenüberliegenden Inn-Ufer | **Tipp** Josin Neuhäusler aus Susch ist ein Meister in der Sgraffito-Technik. Er gibt sein Wissen gerne in Kursen weiter. www.josin-sgraffito.ch

106 Der Vereinatunnel

Direkt durch die Trompete

«Wer A sagt, muss auch B meinen, denn von A nach B führte nun ein Tunnel, von den Bergfeen auf den Namen Vereina getauft.» So beginnt die Kurzgeschichte «Vereina – ein Traum» von Clo Duri Bezzola. Was der Schriftsteller darin fabuliert, klingt verheissungsvoll. Von einem Stausee voller Forellen gleich am Fusse des Südportals in Sagliains ist da die Rede. Mit drehbarem Restaurant, Segeljollen, Motorbooten und Ferienbungalows. Und natürlich von einem Touristenstrom, der die Diskriminierung des Unterengadins gegenüber dem Oberengadin mit dieser längst fälligen topografischen Korrektur aufheben sollte.

Ist es nun Fluch oder Segen, dass die Realität ganz anders aussieht? Fährt man mit dem Zug von Klosters-Selfranga südwärts durch den Berg nach Susch-Sagliains, ist da nichts zu sehen von einer touristischen Hochburg. Stattdessen steht man vor einer 300 Meter langen Galerie mit Betonpfeilern, die wie ein Fremdkörper in der Landschaft wirkt. In diesem Niemandsland allerdings wirkt der Tunnel wie eine Aorta, die das Engadin mit dem Rest der Welt verbindet – auch im Winter. Ein Meisterwerk der Ingenieurskunst, das 821 Millionen Franken kostete. Auf den 19,042 Kilometern durchfährt man eine Serie verschiedener, während der Alpenfaltung gebildeter Decken: Zwei Drittel des Tunnels liegen in Gneis und Amphibolit der Silvretta-Decke, der Rest in einer Vielfalt von Kalk- und Tonschiefern, Dolomiten oder Sandsteinen. Seit der Eröffnung des weltweit längsten Meterspur-Eisenbahntunnels im Jahr 1999 wurden darin rund neun Millionen Fahrzeuge und über zwölf Millionen Menschen transportiert.

Nicht immer bekommt man die Galerie zu Gesicht. Wer einen direkten Zug von Landquart nach St. Moritz erwischt, fährt 400 Meter vor dem Ausgang auf ein Nebengeleis, das direkt nach Susch führt. Dieser Seitenausgang wird aufgrund seiner Linienführung auch «die Trompete» genannt.

Adresse Vereinatunnel, 7542 Zernez-Susch | **Anfahrt** H 27, Silvaplana–Martina, bis Sagliains | **Tipp** Beim Bahnhof Sagliains führt ein Weg ins unberührte Val Sagliains Richtung Vereinapass. Rechter Hand erhebt sich der Piz Linard. Wer gut zu Fuss und schwindelfrei ist, kann den Weg über die Fuorcla da Glims zu den Glimsseen und weiter zur Linardhütte nehmen.

107 Der Geischla-Macher

Damit am Chalandamarz weiterhin geklöpft wird

Ohrenbetäubend tönt es, wenn die Knaben im Oberengadin jeweils im Februar ihre Geisseln schwingen und klöpfen lassen. Und sie üben fleissig, denn an der «Prova», am zweiten Sonntag vor Chalandamarz, und am 1. März, am Chalandamarz-Tag, wird es ernst. Dann müssen sie ihr Können auf dem Dorfplatz vor Publikum unter Beweis stellen – und dem Winter und den Wintergeistern nicht nur mit Glockengeläut den Garaus machen.

Die Geissel sei wie eine Tracht, sagt Ludwig Magni aus Zuoz, ohne den diese Tradition vielleicht schon ausgestorben wäre. Er ist der Einzige im Oberengadin, der das Handwerk des Geissel-Anfertigens noch versteht. Stundenlang steht er in seiner Freizeit in der Werkstatt und baut die Geisseln von Hand zusammen. Den Stiel aus Zürgelbaum und die geflochtene Geissel bezieht er aus dem Südtirol. Für die kleineren Buben besteht sie aus sechs Stricken, für die grösseren aus acht. Erst wird der Griff mit Ziegen- oder Kuhleder überzogen, «damit er gut in der Hand liegt». Dann verziert der gelernte Innendekorateur die Geischla, wie sie auf Romanisch heisst, zwischen Griff und Strick mit Zuozer Dachshaar und einem roten Band, «damit sie auch optisch gut aussieht». Für den Zwick ganz am Ende befestigt er ein Kunststoff- oder ein Seidenband. Fast zweieinhalb Meter lang kann eine Geissel werden. Da muss einer gut trainieren, damit er sie sich nicht um die eigenen Ohren haut. Einen Trick, wie man sie perfekt schwingt, gebe es nicht. «Da hat jeder seine eigene Technik», verrät Magni. Aber eines ist für die Zuozer wichtig: Die andere Hand wird lässig in die Hosentasche gesteckt.

Natürlich schlägt Ludwig Magni am Chalandamarz noch immer selbst die Geissel. Für ihn ist es eine Passion. Auch das Herstellen der rund 30 Geisseln pro Jahr. Deshalb berechnet er für seine Kunstwerke nur die Materialkosten. Auch die belaufen sich schnell einmal auf 280 bis 450 Franken. Dafür aber hat man eine Geissel ein Leben lang.

Adresse Ludwig Magni, Dimvih d'Aguêl 36, 7524 Zuoz | Anfahrt H 27, Silvaplana–Martina, bis Zuoz Resgia, dann über Via Staziun beim Bahnhof auf Dimvih d'Aguêl | Öffnungszeiten auf Anfrage unter Tel. 081/8540032 | Tipp Der Brückenbauer Robert Maillart baute eines seiner ersten Werke 1901 über den Inn in Zuoz. Man nannte ihn den Beton-Virtuosen, weil seine Brücken und Bauwerke dank Beton schlank und elegant wirken.

108_Das Gotteshaus der Zahlenmystik

Die Quadratur der Kapelle

Es kann gut sein, dass einem der Kopf ganz sturm wird bei all der Zahlenmystik, die die Kapelle San Bastiaun am Dorfrand von Zuoz bereithält. Es fängt ganz harmlos an: Die Kapelle, die um die Mitte des 13. Jahrhunderts erbaut wurde, besteht aus einem quadratischen Langhaus und einem quadratischen Chorraum. Wenn man die Quadrate durchschreitet, entdeckt man, dass das Kirchenschiff rund sieben Meter und der Chorraum vier Meter misst. Letzterer hat auch eine Höhe von vier Metern und ist somit nicht nur quadratisch, sondern bildet auch einen Würfel. Dahinter steckt mittelalterliche Zahlenmystik. Und nun wird es ziemlich komplex: Die Dreiheit von Breite, Höhe und Länge ergibt die Vierheit des würfelförmigen Chores. Drei plus vier gleich sieben ergibt die Länge und Breite des Schiffes.

Auch bei den Fresken wiederholen sich die Zahlen drei und vier sowie deren mathematischen Kombinationen. Am Gewölbe ist in der Mitte des Chores Christus zu sehen. Sein Haupt ist umgeben von Sonnenstrahlen, einem Dreieck, dessen Eckpunkte rote Rauten bilden, und den vier Erzengeln. In den Ecken sieht man die Symbole der vier Evangelisten und die Darstellung der vier Elemente. Damit noch nicht genug der Zahlenmystik: An der linken und rechten Seitenwand findet man auch die vier abendländischen Kirchenväter sowie auf dem Chorbogen die Brustbilder der zwölf Apostel (drei mal vier = zwölf) mit Christus in der Mitte. Alles verstanden?

Gar nichts mit Zahlen zu tun hat die Tatsache, dass es einen Vorläufer des jetzigen Kirchenbaus gegeben haben muss. Denn vor der Kapelle steht ein «heiliger» Stein, auf dessen Ecke San Bastiaun erbaut ist. Dieser Stein war in vorchristlicher Zeit Mittelpunkt der Fruchtbarkeitsrituale. Im Spalt des Steines findet man noch heute stets Wasser. Das freut die Zuozer Kinder zu San Gian am 24. Juni, einem Brauch, an dem die Jungen die Mädchen mit Wasser bespritzen.

Adresse Kapelle San Bastiaun, San Bastiaun 3, 7524 Zuoz | **Anfahrt** H 27, Silvaplana–Martina, in Zuoz Abfahrt Resgia auf Via Staziun, nach rund einem Kilometer rechts auf Stredun | **Öffnungszeiten** Für Besichtigungen kann der Schlüssel im Info-Büro am Bahnhof ausgeliehen werden. | **Tipp** Das Hotel Crusch Alva mit der ockerfarbenen Fassade und den aufgemalten Wappen ist der Blickfang am Dorfplatz von Zuoz – und eines der traditionsreichsten Hotels der Schweiz. Im einstigen Gerichtswirtshaus aus dem Jahr 1500 wird man noch heute vorzüglich mit Bündner Spezialitäten bewirtet.

109 Die Kaffeerösterei

Wie der Kaffee ins Engadin kam

Wer durch Zuoz geht, dem wird je nach Windverhältnissen köstlicher Kaffeeduft um die Nase wehen: Er kommt von der Rösterei Badilatti – Europas höchstgelegener Kaffeerösterei. Die Frage, wieso Daniel Badilattis Grossvater Giuseppe ausgerechnet im Engadin, an dieser peripheren Lage auf über 1.700 Metern, ein solches Unternehmen gründete, muss der Enkel oft beantworten. Wie viele Engadiner und Puschlaver verliess auch sein Vorfahr vor mehr als 100 Jahren der Arbeit wegen das Tal. Die meisten versuchten sich als Zuckerbäcker in Italien. Giuseppe Badilatti, ältester Sohn einer erzkatholischen Familie, wurde allerdings zu Verwandten nach Rom ins Caffè Bondolfi geschickt, um das Handwerk des Kaffeerösters zu erlernen. Vor dem Ersten Weltkrieg kehrte Badilatti zurück und übernahm in Zuoz einen Lebensmittelladen – natürlich mit Kaffee. Dies just zu der Zeit, als für den Bau der Bahnlinie Samedan-Scuol über 600 Arbeitskräfte, vorwiegend Kaffee liebende Italiener, nach Zuoz kamen.

Kaffee hatte auch sein Sohn Giacomo im Blut, führte er doch nach einer Kaffeehandelslehre das Geschäft an der Via Maistra weiter und richtete 1948 die erste Rösterei ein. Als dessen Sohn Daniel, der heutige Inhaber, 1976 in den Betrieb einstieg, setzte er ganz auf die Rösterei und baute 1995 am Inn ein neues Betriebsgebäude. Er hatte schnell gemerkt, dass der Standort im Engadin viele Vorteile hat. «Die Lage ist wegen des höheren Siedepunktes fürs Rösten ausgezeichnet», erklärt Badilatti. Das sei positiv für die Kaffeequalität. «Wir machen sozusagen Slow-Food-Kaffee.» Das Rösten dauert im Engadin 12 bis 15 Minuten. Zum Vergleich: Industriekaffee wird oft nur sieben Minuten geröstet. Badilatti-Kaffee wird mittlerweile auch in China, Russland und in den arabischen Emiraten getrunken. Wer noch mehr rund um die Welt des Kaffees erfahren will, besucht am besten die hauseigene Erlebniswelt, das Caferama.

Adresse Cafè Badilatti + Co. AG, Chesa Cafè, 7524 Zuoz, www.buendner-kaffee.ch | **Anfahrt** H 27, Silvaplana – Martina, Abfahrt Zuoz, rechts Richtung Resgia | **Öffnungszeiten** Caferama Café / Erlebniswelt / Butietta: Mo – Fr 14 – 17 Uhr (in der Zwischensaison geschlossen), Betriebsführungen auf Anfrage | **Tipp** In Zuoz findet man direkt am Inn ein kleines Naturparadies: die Aue San Batrumieu. Noch vor ein paar Jahrzehnten war sie komplett vom Inn abgetrennt und drohte an Flora und Fauna zu verarmen. Nach einer Revitalisierung ist das Gebiet wieder ein wichtiger Lebensraum für viele Vogel- und Pflanzenarten.

110_Der Leuchtturm

Im Skyspace malt James Turrell mit Licht

Vom Hotel Castell führt ein schmaler Weg zu einem zylinderförmigen Steinturm, der an ein Iglu erinnert. Karg ist dessen Innenraum: nur Beton, eine Rundbank – und ein grosses Loch in der Decke. Ein Rastplatz für Wanderer? Auch. Der Skyspace des amerikanischen Künstlers James Turrell ist aber noch weit mehr: Er ist ein Ort der Offenbarungen.

Sitzt man im Skyspace frontal zum Eingang, erlebt man die erste. Der gegenüberliegende Piz Uter, dessen Spitze an einen Vulkankrater erinnert, wird von der Türöffnung perfekt umrahmt. Die nächste Offenbarung kommt beim Blick nach oben und dem Gefühl, gleich selbst zu einer Camera obscura zu werden: Wartend sitzt man um die freie Mitte und kann sich kaum mehr von der Öffnung lösen, die den Blick auf den Engadiner Himmel freigibt. Meist ist er stahlblau. Und doch, plötzlich ist die kleinste Veränderung sichtbar: eine vorbeiziehende Wolke, ein Flugzeug, ein kühler Luftzug. Bei Regen oder bei Schneeschmelze wird der Skyspace noch um eine Wahrnehmung reicher – und zum «Soundspace». Unerwartet mischt sich das Plätschern und Tropfen mit den Vogelstimmen und dem Verkehrsrauschen im Tal zu Musik, und der leere Turm wird zum Klangkörper.

Je mehr das Tageslicht schwindet und die Dämmerung eintritt, desto imposanter wird der Skyspace. Ein wahres Wechselspiel von Licht und Finsternis zeigt sich, wenn der Raum dann mit computergesteuertem Kunstlicht bespielt wird. Rund 50 Farben gehen fliessend ineinander über und mischen sich mit dem Naturlicht. So erscheint der eben noch dunkle Ausschnitt als grüne Fläche, weil er durch das magentafarbene Licht einen Simultankontrast auslöst. Aufflammendes Grün und Gelb erinnern in ihren Bewegungen an die Nordlichter. Wie Zauberei sieht das aus. Erst recht, wenn man sich um Mitte August in den Baukörper setzt und die «Perseiden» mit ihrem Sternschnuppenfeuerwerk das Glück vom Himmel fallen lassen.

Adresse Hotel Castell, 7524 Zuoz, www.hotelcastell.ch | **Anfahrt** H 27, Silvaplana – Martina, Ausfahrt Zuoz Resgia nehmen und links auf Via Staziun, nach einem Kilometer links abbiegen auf Stredun, nach 110 Metern rechts auf Via Castell | **Öffnungszeiten** Der Skyspace von James Turrell kann immer besichtigt werden, die Farbbespielung ist nur während der Hotelsaison aktiv | **Tipp** Am Dorfeingang von Zuoz steht seit über 100 Jahren ein majestätisches Gebäude. Heute beherbergt die Villa Marguerita Gäste aus aller Welt, die Erholung suchen, aber auch ihr Wissen in Kursen über Kulinarik, Fliegenfischen oder Malen vertiefen möchten. www.villamarguerita.ch

111 Das Theater im Schwimmbad

Im Zuoz Globe hat Shakespeare Vortritt

Badekleid und Handtuch braucht man hier nicht, auch wenn man direkt ins Schwimmbad steigt. Ins Schwimmen geraten höchstens die auftretenden Schauspieler. Direkt unter dem Rektorenhaus des Lyceum Alpinum wurde 2011 das ehemalige Schwimmbad in ein Theaterhaus umgewandelt. Zuoz Globe nennt es sich stolz – in Anlehnung an das Vorbild in London. Damit nimmt das einzige Theaterhaus im Engadin 500 Jahre nach Gian Travers die alte, lebendige Theaterkultur des Tals und auch des Internats wieder auf.

Dass hier die britische Theaterkultur hochgehalten und deshalb auch Shakespeare-Stücke gespielt werden, ist nicht zufällig. Die 1904 gegründete Internatsschule lehnt sich stark ans englische Vorbild an und begrüsst schon am Eingang auf dem Vordach mit Shakespeares Worten «Die Welt ist eine Bühne». Dieses Vordach soll einem Trichter gleich die Besucher ins Innere des Gebäudes führen.

Vom Theaterfoyer mit dem eingefärbten und zu Terrazzo geschliffenen Beton sowie den auffälligen Heizleitungen, die wie eine grafische Skulptur wirken, fällt man sozusagen in den Theaterraum. Ein Gerüst aus Lärchenholz steht auf dem eigentlichen Beckenboden – aufgebaut in hochwertiger «Zimmermannskunst», ganz ohne Schrauben, nur mit Holzverbindungen. Die Bühne ragt direkt in den Zuschauerraum hinein, sodass man auf den Rängen die Akteure hautnah miterlebt und das Gefühl hat, Teil des Schauspiels zu sein.

Auf diesen Brettern spielen nicht nur die Theaterkompagnien des Internats. Unter der Leitung von Ivo Bärtsch soll der Zuoz Globe auch ein Fenster nach aussen und ein integrativer Ort für verschiedene Kunstgattungen sein. Nicht nur Teamgeist, Fair Play und Sport werden im Lyceum Alpinum hochgehalten, sondern auch das Theater, das als Schulfach angeboten wird. Für manche der jungen Akteure ist das Zuoz Globe tatsächlich ein Sprungbrett für eine Schauspielkarriere.

Adresse Lyceum Alpinum Zuoz, 7524 Zuoz | **Anfahrt** H 27, Silvaplana – Martina, in Zuoz Abfahrt auf Via Staziun bis Bahnhof, dann auf Via S-charlattina | **Öffnungszeiten** genauer Spielplan unter www.lyceum-alpinum.ch | **Tipp** Engadin-Reisende finden in Zuoz nicht nur besterhaltene, stattliche Patrizierhäuser, sondern auch die wohl grösste Dichte an Galerien weltweit im Verhältnis zur Dorfgrösse – von der Galerie Tschudi in der Chesa Madalena über die Galleria Monica de Cardenas und Lleshi Art bis zur Werkstatt Hildegard Schenk und noch einige mehr.

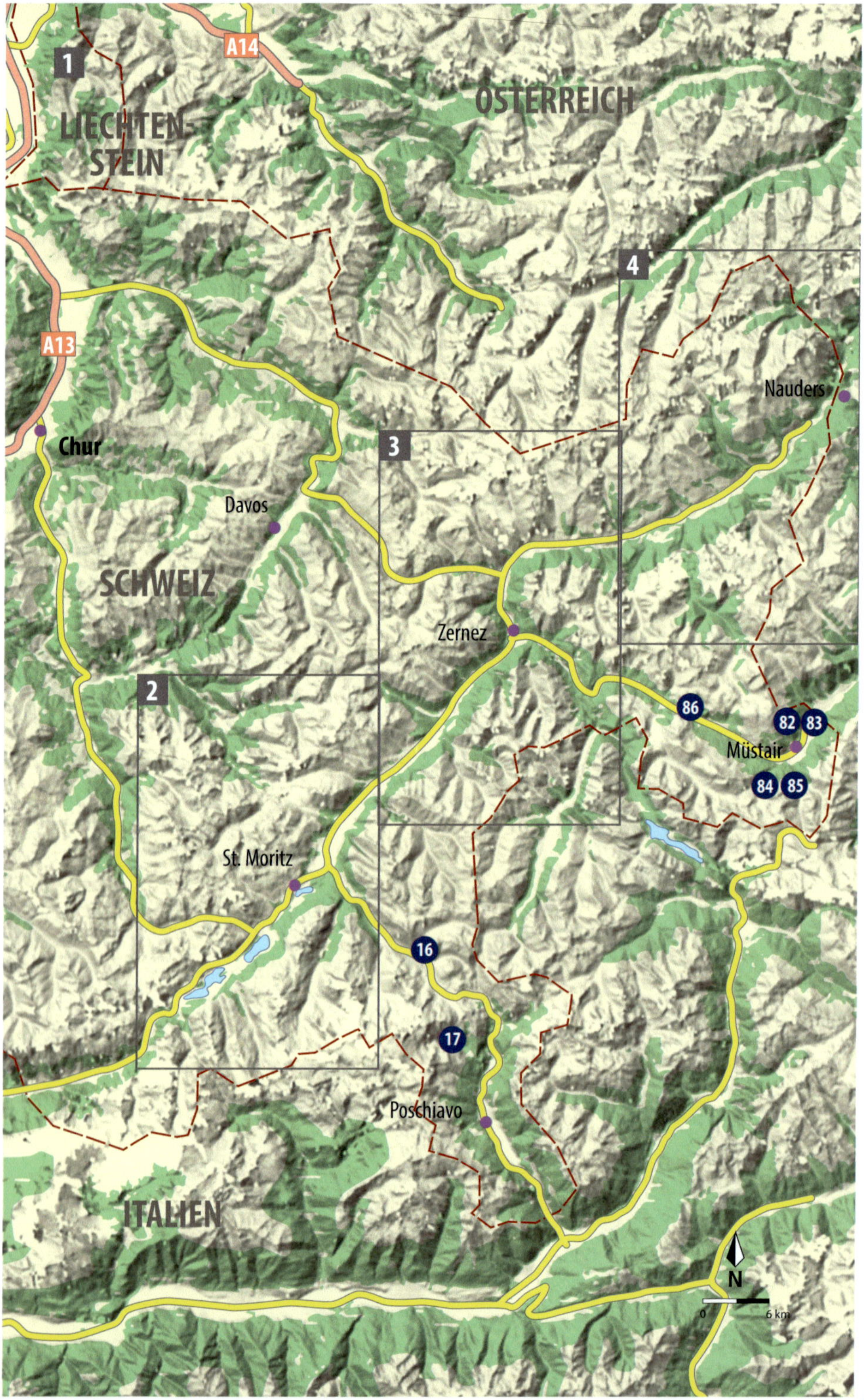

A14
1
LIECHTEN-
STEIN
ÖSTERREICH
A13
Chur
Davos
SCHWEIZ
3
4
Nauders
Zernez
2
86
82
83
Müstair
84
85
St. Moritz
16
17
Poschiavo
ITALIEN
N
0
6 km

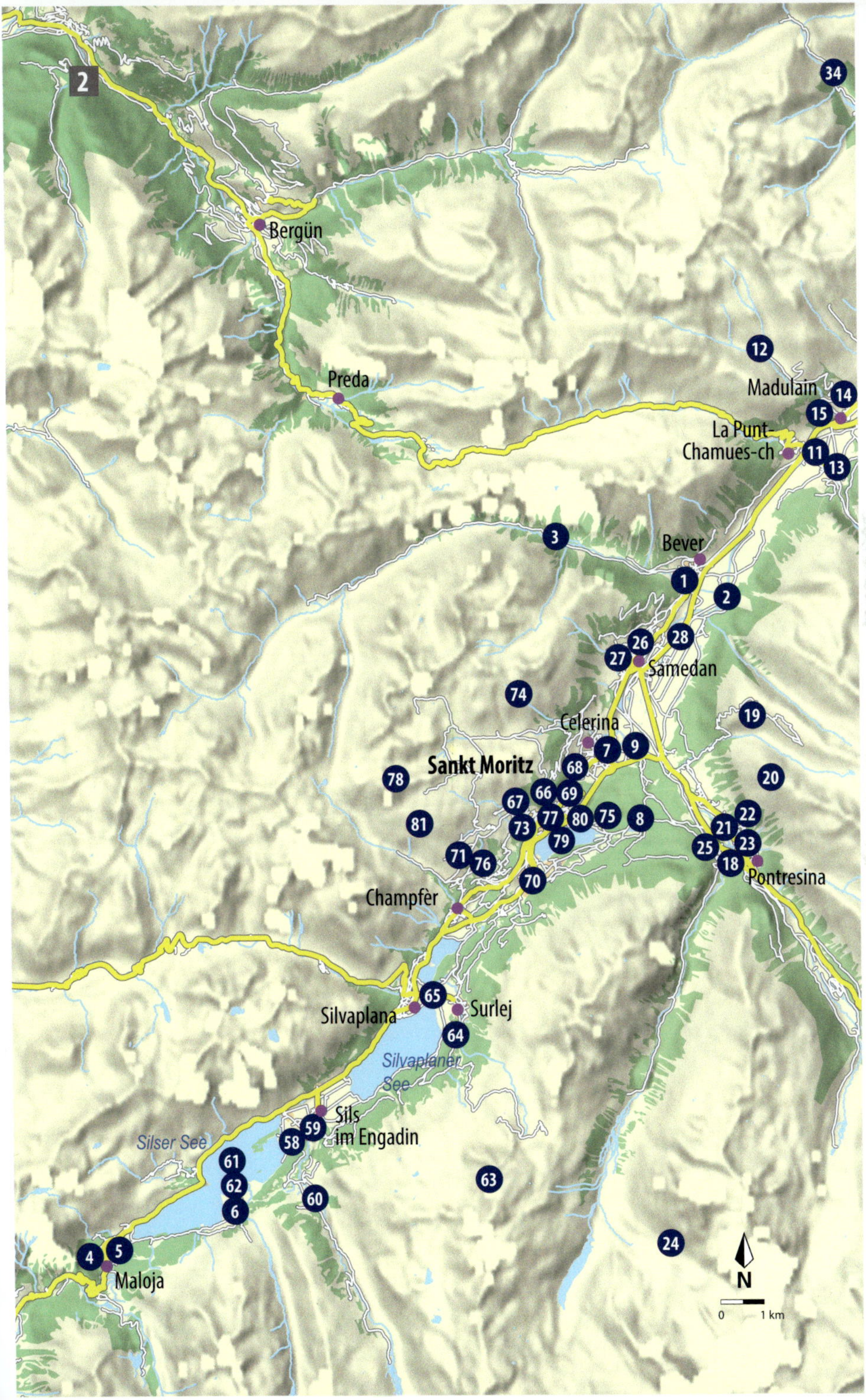

2
Bergün
Preda
Madulain
La Punt-
Chamues-ch
Bever
Samedan
Celerina
Sankt Moritz
Champfèr
Pontresina
Silvaplana
Surlej
Silvaplaner
See
Sils
im Engadin
Silser See
Maloja
N
0
1 km
34
12
14
15
11
13
3
1
2
26
28
27
74
19
7
9
68
78
66
69
20
67
77
80
75
8
22
81
73
21
79
23
25
18
71
76
70
65
64
59
58
61
62
63
60
6
4
5
24

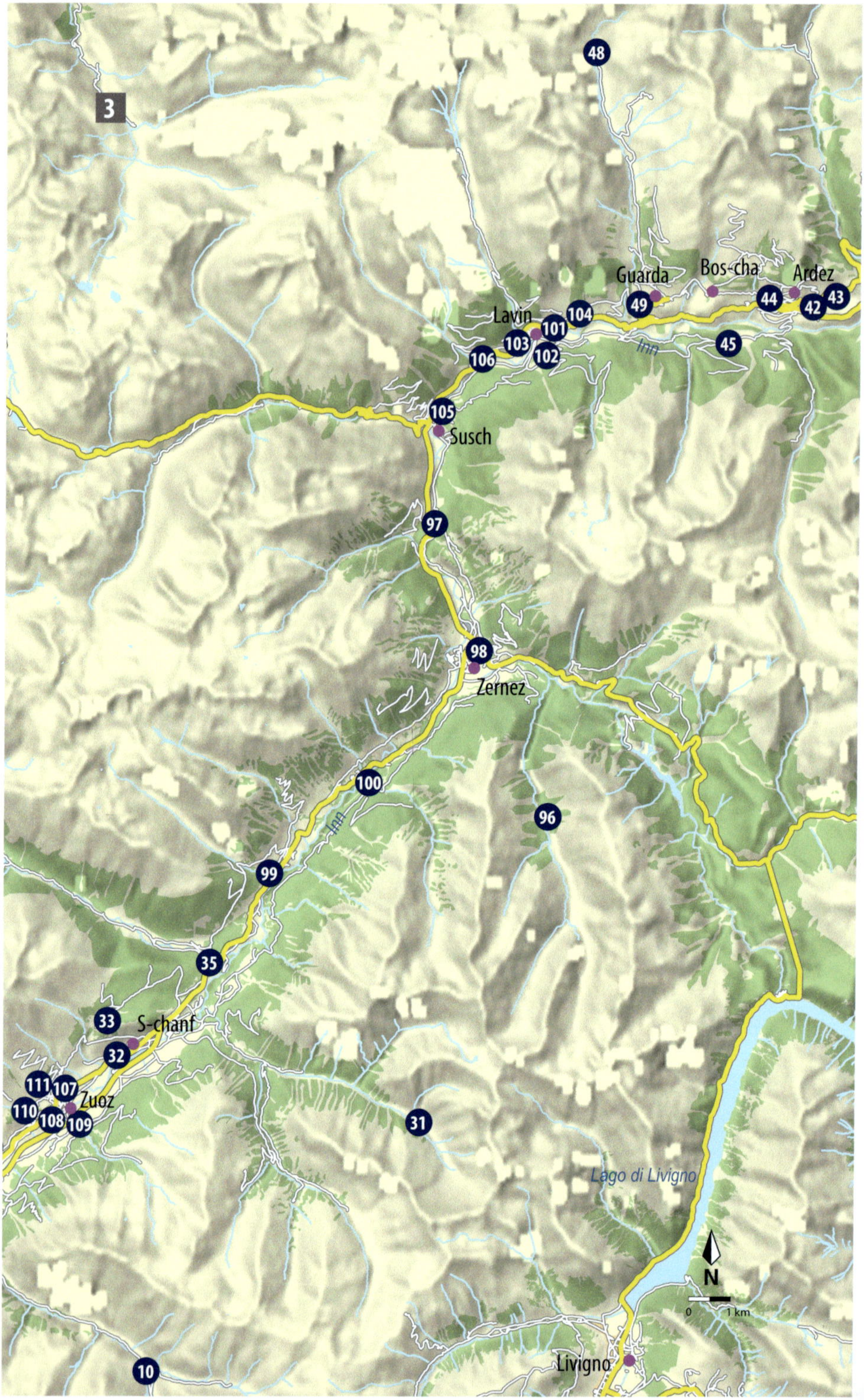
3
48
Guarda
Bos-cha
Ardez
49
44
43
42
Lavin
104
101
103
102
45
Inn
106
105
Susch
97
98
Zernez
100
Inn
96
99
35
33
S-chanf
32
111
107
Zuoz
110
108
109
31
Lago di Livigno
N
0
1 km
10
Livigno

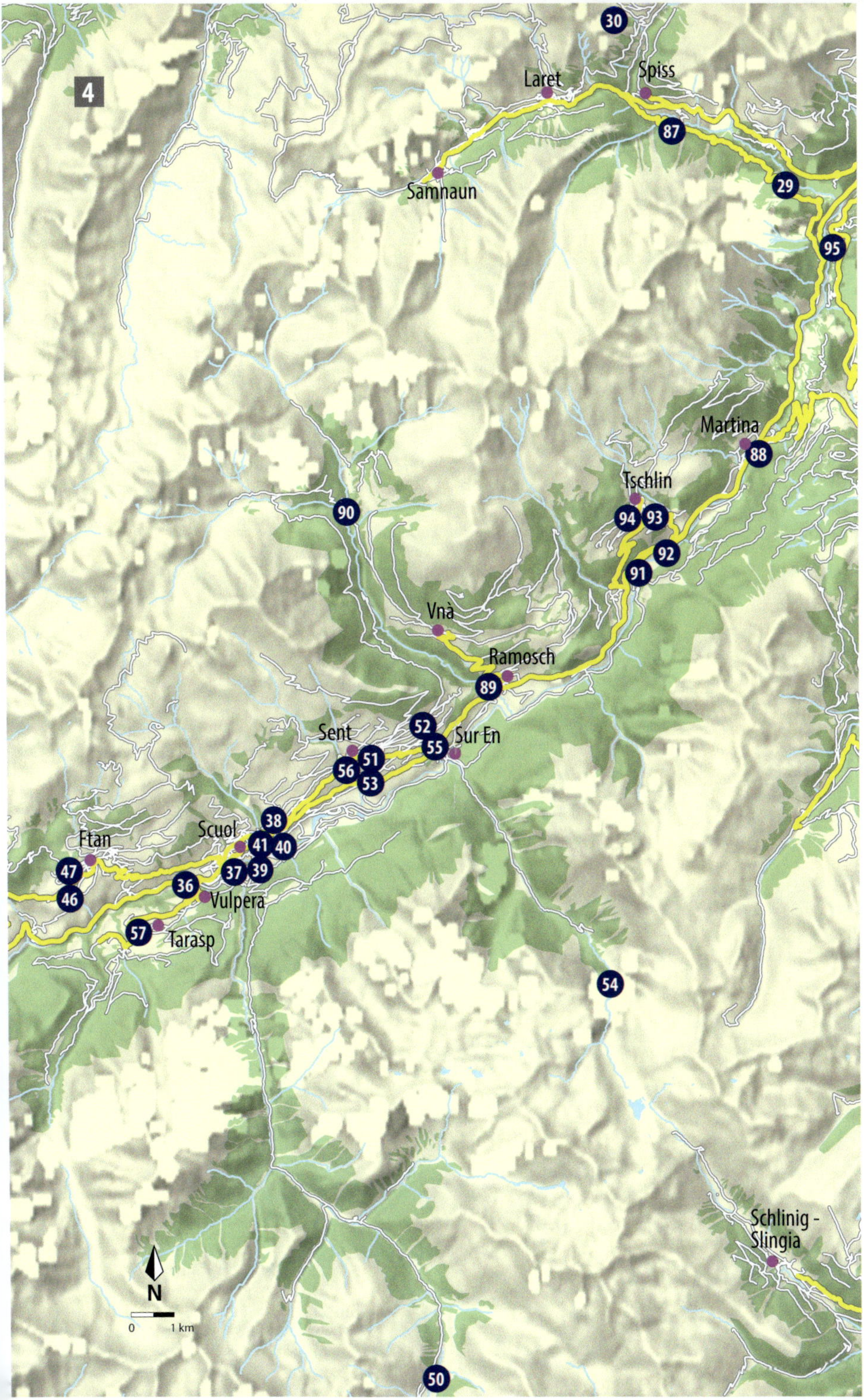
4
30
Laret
Spiss
87
Samnaun
29
95
Martina
88
Tschlin
94
93
92
91
90
Vnà
Ramosch
89
52
Sent
55
Sur En
51
56
53
38
Scuol
41
40
Ftan
47
37
39
36
46
Vulpera
57
Tarasp
54
Schlinig -
Slingia
N
0
1 km
50

Nina Kobelt, Silvia Schaub
111 Orte rund um den Säntis, die man gesehen haben muss
ISBN 978-3-7408-0550-0

Nina Kobelt, Silvia Schaub
111 Orte in St. Gallen, die man gesehen haben muss
ISBN 978-3-7408-1447-2

Regula Tanner
111 Orte im Berner Oberland, die man gesehen haben muss
ISBN 978-3-7408-1547-9

Petra Koci, Benno Gut
111 Orte im Kanton Glarus, die man gesehen haben muss
ISBN 978-3-7408-1066-5

Christian Löhden
111 Orte in Graubünden, die man gesehen haben muss
ISBN 978-3-7408-1551-6

Christof Gasser, Barbara Saladin
111 Orte im Kanton Solothurn, die man gesehen haben muss
ISBN 978-3-7408-0975-1

Ambroise Tièche,
Katharina Hohmann,
Fritz von Klinggräff
111 Orte in Genf, die man gesehen haben muss
ISBN 978-3-7408-0835-8

Silvia Götschi
111 Orte in Nidwalden, die man gesehen haben muss
ISBN 978-3-7408-0566-1

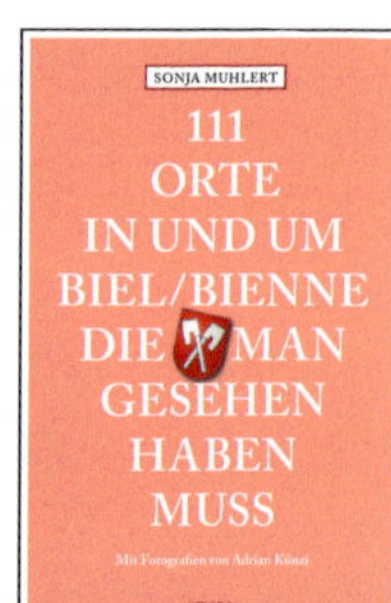

Sonja Muhlert, Adrian Künzi
111 Orte in und um Biel/Bienne, die man gesehen haben muss
ISBN 978-3-7408-0340-7

Corinne Päper, Georg Holubec
111 Orte in Winterthur, die man gesehen haben muss
ISBN 978-3-7408-1691-9

Barbara Saladin
111 Orte in Baselland, die man gesehen haben muss
ISBN 978-3-7408-0122-9

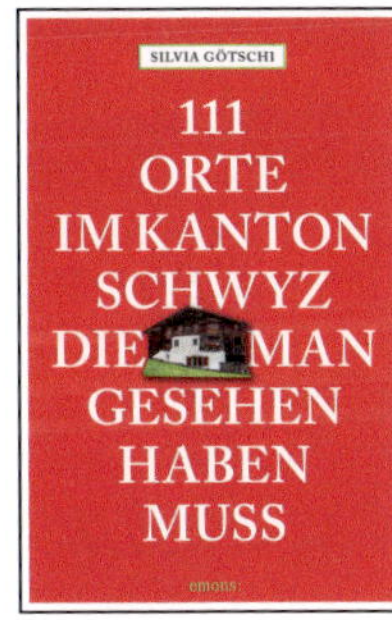

Silvia Götschi
111 Orte im Kanton Schwyz, die man gesehen haben muss
ISBN 978-3-7408-0116-8

Cornelia Lohs
111 Orte in Bern, die man gesehen haben muss
ISBN 978-3-7408-2000-8

Mercedes Korzeniowski-Kneule
111 Orte in Basel, die man gesehen haben muss
ISBN 978-3-95451-702-2

Oliver Zwahlen
111 Orte in Zürich, die man gesehen haben muss
ISBN 978-3-7408-1381-9

Ursula Kahi
111 Orte im Aargau, die man gesehen haben muss
ISBN 978-3-95451-537-0

Dietlind Castor
111 Orte am Bodensee, die man gesehen haben muss
ISBN 978-3-7408-1781-7

Barbara Riess
111 Orte in Freiburg, die man gesehen haben muss
ISBN 978-3-7408-1073-3

Jo Berlien, Sabina Paries
111 Orte in Straßburg, die man gesehen haben muss
ISBN 978-3-7408-0576-0

Sybil Canac, Renée Grimaud, Katia Thomas
111 Orte in Paris, die man gesehen haben muss
ISBN 978-3-95451-847-0

Barbara Krull
111 Orte im Elsass, die man gesehen haben muss
ISBN 978-3-95451-596-7

Ralf Nestmeyer
111 Orte in der Provence, die man gesehen haben muss
ISBN 978-3-7408-1960-6

Marcus X. Schmid, Monika Steineberg
111 Orte in der Bretagne, die man gesehen haben muss
ISBN 978-3-7408-1880-7

Evelyn Pschak von Rebay
111 Orte in den (französischen) Pyrenäen, die man gesehen haben muss
ISBN 978-3-7408-0562-3

Cornelia Ziegler
111 Orte im Allgäu, die man gesehen haben muss
ISBN 978-3-7408-1278-2

Rüdiger Liedtke
111 Orte in München, die man gesehen haben muss
ISBN 978-3-7408-1298-0

Rüdiger Liedtke
111 Orte in München, die man gesehen haben muss, Band 2
ISBN 978-3-7408-1514-1

Fotonachweis:

© der Fotografien: Silvia Schaub, ausser Ort 1: Bever Lodge; Ort 11: Mayk Wendt; Ort 18: Robert Boesch, Engadin St. Moritz; Ort 20: Anselm Tscharner; Ort 23: Gian Andri Giovanoli; Ort 24: Caroline Zimmermann; Federico Pallanch; Ort 28: Bjoern Wylezich/shutterstock.com; Martin Binkert; Ort 29: Andrea Badrutt, Chur; Ort 30: Erna Walser; Ort 31: Hans Lozza SNP; Ort 32: Manolo Yllera; Ort 40: Benjamin Hasenclever; Ort 50: Roland Fischer; Ort 51: Bernd Grundmann; Ort 54: Andrea Badrutt, Chur; Ort 58: Irene Habberthür; Ort 59: Robert Boesch, Engadin St. Moritz; Ort 61: Francesca Giani; Gian Giovanoli, Sils Maria; Ort 62: Daniel Martinek, Engadin St. Moritz; Ort 63: Felix Keller und Niklas Eschenmoser; Ort 65: Kristiana Hartmann; Ort 69: Giancarlo Cattaneo; Ort 70: Filippo Simonetti, Brunate; Ort 71: Berghotel Randolins, St. Moritz; Ort 73: Badrutt's Palace Hotel; Ort 74: swiss-image.ch/Max Weiss; Ort 76: Albert Mächler; Ort 78: Alessandro della Bella, Ski WM St. Moritz 2017; Ort 79: Andy Mettler, Swiss Image; Ort 80: Hotel Waldhaus am See; Ort 81: Nick Nussbaum; Ort 82: Ulrich Veith/Stiftung Chasa Chalavaina; Ort 87: Acla da Fans; Ort 90: Hof Zuort; Ort 96: Hans Lozza, SNP; Ort 98: SNP; Ort 104: Piz Linard; Ort 105: Claudio von Planta/Conradin Frei; Ort 108: Gian Giovanoli; Ort 111: Lyceum Alpinum

Silvia Schaub ist diplomierte Übersetzerin und Journalistin. In den letzten drei Jahrzehnten verbrachte sie viel Zeit im Engadin und entdeckte immer wieder neue spannende Orte. Sie lebt und arbeitet heute als freie Journalistin und Autorin im Kanton Aargau.